中國學術思想 研究輯刊

十二編

林慶彰 主編

第7冊

《尚書‧洪範》考辨與解釋

黃忠慎 著

花木蘭文化出版社

國家圖書館出版品預行編目資料

《尚書‧洪範》考辨與解釋／黃忠慎 著 — 初版 — 新北市：花
木蘭文化出版社，2011〔民 100〕
序 2+ 目 2+160 面；19×26 公分
（中國學術思想研究輯刊 十二編：第 7 冊）
ISBN：978-986-254-649-9（精裝）
1. 書經　2. 注釋　3. 研究考訂
030.8　　　　　　　　　　　　　　　　100015766

ISBN-978-986-254-649-9

9 789862 546499

中國學術思想研究輯刊
十二編　第 七 冊　　　　　　　　ISBN：978-986-254-649-9

《尚書‧洪範》考辨與解釋

作　　者　黃忠慎
主　　編　林慶彰
總 編 輯　杜潔祥
出　　版　花木蘭文化出版社
發 行 所　花木蘭文化出版社
發 行 人　高小娟
聯絡地址　新北市永和區中正路五九五號七樓
　　　　　電話：02-2923-1455／傳真：02-2923-1452
網　　址　http://www.huamulan.tw 信箱 sut81518@gmail.com
印　　刷　普羅文化出版廣告事業
封面設計　劉開工作室
初　　版　2011 年 9 月
定　　價　十二編 55 冊（精裝）新台幣 90,000 元

《尚書‧洪範》考辨與解釋

黃忠慎　著

作者簡介

黃忠慎，1984 年國立政治大學中國文學研究所博士。1986 年進入靜宜大學服務，擔任中文系專任副教授，1991 年至國立彰化師範大學國文系專任，1994 年升等為教授。2001 年 7 月至 2004 年 6 月擔任彰化師範大學國文系主任。研究領域為《詩經》學、《尚書》學、四書學、經學史等。著有《尚書洪範研究》、《惠周惕詩說析評》、《四書引論》、《朱子詩經學新探》、《嚴粲詩緝新探》、《詩經全注》、《范處義詩補傳與王質詩總聞比較研究》等書。曾獲國科會優等研究獎（1994 年）、彰化師大文學院優良著作獎（2004 年）、彰化師大傑出研究教師獎（2010 年）。

提　　要

　　〈洪範〉是《尚書》中的一篇名作，相傳是周武王滅商之後，箕子向周武王陳述「天地之大法」的記錄，文中提出了帝王治理國家必須遵守的九種統治大法，此即著名的「洪範九疇」。

　　一般認為，「〈洪範〉九疇」的提出，意在神化君權，並提高君主自身的警惕性。此一治國大法深受周王的重視，並加以奉行，其後對後來的統治階級也發生了某種程度的引導作用。

　　不過，〈洪範〉究竟完成於何時，歷來的學者有些爭議。有謂作於西周之初者，有謂作於春秋時代者，有謂作於戰國之前者，有謂作於戰國初年者，有謂作於戰國以後、秦統一之前者，有謂戰國末年晚出者，異說之多，不一而足；此外，〈洪範〉的字句解釋及其所蘊含的思想細節，研究者的見解也不盡相同。當然，這些都是文本詮釋的正常現象。

　　本書針對學者對於〈洪範〉完成的時代之不同意見，進行檢視與考辨；對於〈洪範〉所出現的異文，也有所蒐證；最後則是以集釋的方式將前賢對於文字的解釋予以蒐集、整合。希望能以此對於〈洪範〉學有基本的貢獻。

目
次

序

　　殷、周之際，中國尚無哲學理論，然哲學思想則自古有之，惜乎文獻不足，唯《書》與《易》耳，以致吾人難知殷、周有何嚴密之哲學體系。

　　雖然，《書》、《易》與後世儒、道二家思想，仍爲本枝相關。據近人雷海宗先生之說，周既滅殷，崇鬼奉神之習俗未嘗稍衰，是時宗教方面之職官有二種與後世哲學密不可分，其一曰筮人，其次曰史官。前者專司以八卦占吉凶，後世之道家哲學即以此派思想爲出發點。後者專司撰定國家之詔命與策令，此乃我國檔案制度之起源，後世之儒家哲學即以此派思想爲出發點（說見范壽康《中國哲學史綱要》，台灣開明書店出版）。雷氏以道家思想源於《周易》，儒家思想源於《尚書》，此說尚待商榷，蓋《周易》由根本原理探究宇宙萬象之起源，以太極兩儀四象八卦，闡釋宇宙萬象之變化；由太極一元論，說明萬象變化不離其本；此爲後世中國哲學宇宙論之發端，受其啓示者固不止道家一派也。然雷氏儒、道二家前有所承之說，則客觀持平，允爲的論，此因任一偉大之思想體系，必有其源遠流長之思想因素，斷無突然萌生之理也。是故，吾人研究中國哲學史，當自《尚書》、《周易》始。至若胡適之《中國哲學史大綱》截斷老子前之春秋哲學思想，馮友蘭《中國哲學史》置《易傳》於秦漢之際之儒家，凡此皆蔑視中國哲學之源起，恐不足取。

　　夫《周易》者，極數象之神奇，窮理哲之邃奧，然以非斯編研討之範疇，姑置不論。而竊按《今文尚書》二十九篇之內容性質，約等於後世政府之檔案文件。其撰者蓋爲殷周之史官（或有後人增竄之字句，然多爲孔子前之作品應無可疑），所記述者爲唐、虞、夏、商、周五代君臣之言論、文告及其大事。易言之，其內容不外古帝王之政績、訓令，以及彝倫道德之根源，因之，吾人不欲研究先秦之思想、學術則已，否則《尚書》實爲不可不治之珍貴文獻也。

　　章實齋云：「六經皆史也。」（《文史通義・內篇・易教上》）《書》爲六經

之一，由其內容觀之，誠名副其實之史書。正因其爲史書，吾人始可由其珍貴之史料，考察上古政治哲學之思想與政教形態之淵源。於此，二十九篇中，最可注意者厥爲〈虞書〉各篇與〈周書〉之〈洪範〉。

〈虞書〉之中心思想爲德治主義，作者將古神話人物人格化，藉其言論以發揮一己之政治理想。茲綜觀〈虞書・堯典〉、〈皋陶謨〉二篇，其政治思想固極進步，然尙無完整之體系可言，因之，覈論二十九篇中最具系統之政治哲學者，當非〈周書・洪範〉莫屬。

〈洪範〉歸納人君治國安民之道爲五行、五事、八政、五紀、皇極、三德、稽疑、庶徵、五福六極等九疇，誠可謂上古之建國大綱也。此九疇，依〈洪範〉作者之說，乃天神所指示之治國大道。人君欲治國平天下，永保天命，唯遵行〈洪範〉九疇一途。此九疇係以皇極爲中心，五行、五事言人力、物力宜調和；八政、五紀言地利、人時應配合；三德、稽疑言人事須一致；庶徵、五福六極又寓天人合一之理。以皇極爲主，先言民生之所需，終以人生之好惡，循序漸進，而〈洪範〉之體系於焉告成。

宋儒趙善湘云：「〈洪範〉九疇，聖人經世之大法，太極渾然之先，其道已具；三才既判之後，天畀之聖人，而實任彝倫攸敘之實；行虖古今，不可泯沒，天地由之而萬化顯其用，聖人以之而斯民獲其所，非區區操天下者所能與也。」（《洪範統一》）誠哉斯言！清儒胡渭譽之爲「如日月之麗天」（《洪範正論》），亦非溢美之辭，以〈洪範〉非僅代表中國上古之政治理想，其治國原則，固爲後世儒家所繼承，影響所及，　國父手創三民主義亦因襲而光大其說也。

本編探討〈洪範〉，義理、考證兼顧，文分四章，首章〈緒論〉重在〈《洪範》大義〉一節，總述〈洪範〉之政治哲學。次章研究〈洪範〉之著成時代，文中對民國以來力主〈洪範〉晚出（偽作）之諸先生頗有詰難，此非泥古而敢妄評前輩之說，以諸先生以一偽字而否定固有文化之寶典，似疑古而失之太過也。三章蒐羅〈洪範〉異文，並嘗試論定之。四章蒐集各家之訓詁，博采眾說，以廣異聞；按語中有援據先賢之說者，以其皆有發揚闡述之功也，而鄙見所及，亦妄綴其間，取舍從違，悉無門戶之見，惟求其近道而已。

斯編撰述期間，幸蒙　胡師自逢不憚煩瑣，析疑解蔽，激勵有加，始克完稿。今日重整，又蒙臺北花木蘭出版社同意付梓，此皆難得之機緣，特誌於此，以示銘感之意。

2011 年 7 月黃忠愼重識於台中自宅

第一章 緒 論

第一節 《尚書》釋名

　　《尚書》爲我國五經之一，其地位之崇高，自無庸議，唯先秦典籍無不僅以「書」名之。〔註1〕《墨子‧明鬼下》雖有「尚書」一辭，然非必指今之《書經》，〈明鬼‧下〉歷述〈周書〉、〈商書〉、〈夏書〉言鬼神之語，而總案之云：

　　　　「故尚書〈夏書〉，其次商、周之書，語數鬼神之有也。」

以「尚書」二字形容〈夏書〉之古，是乃泛語，非專名也。〈明鬼〉之著成，近人屈萬里先生疑當在戰國中葉之後，是爾時墨經雖有尚書之名，而固非後世儒家所謂《尚書》之實也。〔註2〕

　　「書」之名義，求之尚書本書，〈顧命〉云：

　　　　「太史秉書，由賓階隋。」

〈金縢〉云：

　　　　「啓籥見書，乃并是吉。」

是書者，本爲記事記言之泛稱。

　　其次求之後世字書，許愼云：

　　　　「書，箸也。」（《說文》聿部）

　　　　「箸於竹帛謂之書，書者如也。」（《說文‧敍》）

劉熙云：

〔註1〕「書」字以爲書籍之泛稱，始見《左傳‧昭公二年》及《墨子》。
〔註2〕見屈萬里：《尚書釋義》，華岡出版部印行。

> 「書，庶也，紀庶物也，亦言箸也，箸之簡紙永不滅也。」(《釋名‧
> 釋書契》)

張揖曰：

> 「書，箸也，如也，記也。」(《廣雅‧釋言》)

是字書之作者皆以書爲典籍之通稱，究其所以，蓋因漢世之後，五經之《書》
已定名爲《尚書》矣，爲防混淆，故而以「書」爲經史之總名。

至如專指《尚書》之《書》，前人亦多有釋名，如荀子云：

> 「《書》者，政事之紀也。」(《荀子‧勸學》)

孔穎達云：

> 「夫《書》者，人君辭誥之典，右史記言之策。」(《尚書正義‧序》
> 序)

楊時曰：

> 「古者左史記言，右史記事；《書》者，記言之史也。」(《書義‧序》)

吳澄曰：

> 「《書》者，史之所記錄也，從聿從曰者，聿，古筆字，以筆畫成文
> 字，載之簡冊，曰《書》者諧聲。伏羲始畫八卦，黃帝時倉頡始制
> 文字，凡通文字能書者謂之史，人君左右有史以書其動。」(《書纂
> 言‧序》)

凡此皆以《書》之作者、內容釋《書》。今案《書》之作者確爲史官，此當無
可置疑，唯所謂左右二史，分記言動，則殊非事實。《漢志‧六藝略》敘《春
秋》曰：

> 「古之王者，世有史官，君舉必書，所以愼言行，昭法式也。左史
> 記言，右史記事，事爲《春秋》，言爲《尚書》，帝王靡不同之。」

而《禮記‧玉藻》曰：

> 「動則左史書之，言則右史書之。」

與《漢志》所言相反。且不論此，即「言爲《尚書》」一語亦有待商榷，蓋《今
文尚書》二十八篇，非純爲記言之文，如〈堯典〉記堯、舜舉人時，有君臣
問答之辭，亦述唐、虞二帝之事，應爲記言兼記事之文。至如〈禹貢〉記九
州、名山、大川以及定賦封國，純爲記事之文，直無一言一語矣。他如〈周
書‧金縢〉記武王、成王時事，亦純爲記事之文，〈顧命〉(含〈康王之誥〉)
記成王臨終之命、康王即位儀式，以及康王初朝諸侯之況，亦以記事爲主，

由是可知，《尚書》固以記言之文爲多，然不可謂無記事之篇也。

先秦典籍既皆但言「《書》」，而不言「《尚書》」，然則《尚書》之名始於何時何人？此說頗紛拏。劉歆《七略》云：

> 「《尚書》始歐陽氏先名之。」

謂西漢歐陽生始名《尚書》，此一說也。鄭康成云：

> 「孔子乃尊而命之曰《尚書》。」（《尚書正義・尚書序・疏》引）

以《尚書》之名始於孔子，此二說也。《史記・儒林傳》：

> 「言《尚書》自濟南伏生。」

僞孔《傳》〈序〉：

> 「濟南伏生，年過九十，失其本經，口以傳授，裁二十餘篇，以其上古之書，謂之《尚書》。」

孔穎達《疏》云：

> 「以其上古之書，謂之《尚書》者，此文繼在伏生之下，則言以其上古之書，謂之《尚書》，此伏生意也。」

以《尚書》之名始於伏生，此三說也。吳承仕《經典釋文序錄疏證》云：

> 「周秦傳記無稱《尚書》者，太史公自序曰：『余聞之先人曰：「堯舜之盛，《尚書》載之。」』太史談年輩略與張生、歐陽生等，《尚書》連言，蓋以此最朔。」

謂《尚書》之名始見《史記》自序述司馬談之言，此四說也。

> 按：伏生之前，無名《書》曰《尚書》者，而伏生所著書，則名曰《尚書大傳》。（由其弟子輯錄遺說而成）自後人多以《尚書》名《書》，以是言之，以《尚書》爲《書》之專名，《史記》、僞孔以爲始於伏生，說殆可信。

《尚書》一名起於西漢伏生，已如上述，然則《尚書》之義又何所取？今案漢晉間釋《尚書》名義者多家，要可歸納爲下列三說：

（一）訓尚爲上，以上爲上天，謂《尚書》猶天書，尊而重之之辭也。是說倡自緯書《尚書・璇璣鈐》：

> 「《尚書》篇題號：尚者，上也。上天垂文象，布節度。書者，如也，如天行也。書務以天言之，因而謂之書，加尚以尊之。」〔註3〕

〔註 3〕見清黃奭《黃氏逸書考》，藝文印書館印行。

鄭康成《書贊》承其說云：

> 「尚者上也，尊而重之若天書然，故曰《尚書》。」（《尚書正義‧尚書序‧疏》）

（二）訓尚為上，以上為君長，謂《尚書》者乃「上所為，下所書也」，是說倡自王充《論衡》：

> 「或謂《尚書》曰：尚者上也，上所為，下所書也。下者誰也？曰：臣子也，然則臣子書上所為矣。」（〈須頌〉）

王肅《書》注本之云：

> 「上所言，史所書，故曰《尚書》。」（《尚書正義‧尚書序‧疏》引）

（三）釋尚為上古，以其為上古之書，故曰《尚書》。是說由緯書《春秋‧說題辭》率先提出：

> 「《尚書》者，二帝之迹，三王之義，所以推其期運，明授命之際。書之言信，而明天地之情，帝王之功。《尚書》凡百二篇，次第委曲不索，尚者上也，上世帝王之遺書也。」（《初學記》、《太平御覽》等引）

馬融云：

> 「上古有虞氏之書，故曰《尚書》。」（《尚書正義‧尚書序‧疏》引）

劉熙云：

> 「《尚書》：尚者上也，以堯為上始，而書其時事也。」（《釋名‧釋典藝》）

馬說與劉說蓋皆自《春秋‧說題辭》出，但以「上世帝王」專指有虞氏與唐堯耳。

王充於《論衡‧須頌》雖以《尚書》為「上所為，下所書」，唯於〈正說〉又云：

> 「尚書者，以為古帝王之書。」

陸德明《經典釋文‧敘錄》亦曰：

> 「以其上古之書，故曰《尚書》。」

偽《古文尚書‧序》云：

> 「以其上古之書，謂之《尚書》。」

孔穎達云：

「道本冲寂，非有名言，既形以道生，物由名舉，則凡諸經史，因物立名，物有本形，形從事著，聖賢闡教，事顯於言，言愜群心，書而示法，既書有法，因號曰《書》。後人見其久遠自於上世，尚者上也，言此上代以來之書，故曰《尚書》。」（僞《古文尚書·序·疏》）

孔氏雖言之極詳，然其說仍自《春秋·說題辭》出也。

　按：《書》緯《璇璣鈐》以《尚書》爲天書，固迂誕難信，鄭康成以爲孔子撰書，尊而命之曰《尚書》，亦不免於附會，蓋《書》若經孔子撰定即尊之曰《尚書》，然則《易》、《詩》、《禮》皆經孔子修纂，亦當名之曰《尚易》、《尚詩》、《尚禮》乎？其次，《論衡·須頌》言「上所爲，下所書」，上指帝王，下指臣子；王肅以爲「上所言，史所書，故曰《尚書》」，兩說亦皆未周。如前所言，尚書固以記言爲主，記事之文亦屢見，易言之，《尚書》所載者，帝王之「爲」、「言」皆有，「下」或「史」所書者，固不獨上所「爲」或「言」也。再者，所書者既爲「下」爲「史」，「上」但有「爲」有「言」而未「書」，則應名「下書」或「史書」，何得稱「《尚書》」？

　　由上分析，可知論《尚書》得名之義者，雖頗分岐，要以第三說爲然，唯主是說之馬融以「上世帝王」專指有虞氏，劉熙以爲專指唐堯，今考《尚書》之內容兼及五代帝王之所爲所言，則馬、劉之說仍不如《春秋·說題辭》、《論衡·正說》以及《經典釋文·敘錄》諸說之允當也。

第二節　〈洪範〉大義

　　《今文尚書》二十九篇，秦漢最盛行者，厥惟〈洪範〉，〔註 4〕而最能代表上古之政治理想者，亦非〈洪範〉莫屬。

　　〈書序〉：「武王勝殷殺受，立武庚，以箕子歸，作〈洪範〉。」〈書序〉之作者，班固以爲孔子，〔註5〕《論衡·正說》則云：「按百篇之〈序〉，闕遺

〔註 4〕伏生爲之作〈五行傳〉，劉向、許商爲之作〈五行傳記〉，具見《漢志》。此外，《呂氏春秋》、《春秋繁露》、《白虎通》俱有說解，《史記》錄入〈宋世家〉，班固刪之入〈五行志〉，其學可謂盛極一時矣。

〔註5〕《漢書·藝文志》曰：「《書》之所起遠矣，至孔子纂焉，上斷於堯，下訖於秦，凡百篇，而爲之序，言其作意。」此孔子作〈書序〉百篇之說所本。

者七十一篇。」又云：「至孔安國《書》出，方知有百篇之目。」據此則僞《古文尚書》未出之前，世人未見〈書序〉。

先儒說《尚書》多以〈書序〉爲伏生《今文尚書》二十九篇之一，其中尤以清陳壽祺《左海經辨》中之《今文尚書有序說》持之最力，所舉凡十七證。康有爲著《新學僞經考》有〈書序辨僞〉一文，已就陳氏所舉之十七證，一一駁之矣。〔註6〕康氏之結論以爲〈書序〉出於劉歆，此說雖未必可信，然〈書序〉之晚出殆無疑義。近人屈萬里先生云：「戴東原〈古今文尚書辨〉，謂『〈序〉爲伏生所無』，王鳴盛《尚書後案》亦謂『百篇之〈序〉亦從屋壁中得』。惟陳壽祺著〈今文尚書有序說〉，以爲伏生所傳二十九篇，其中一篇即爲〈書序〉。王先謙氏雖以爲伏生二十九篇不括〈書序〉，然亦謂今文自有〈序〉，與古文不同。今按其論證，祇不過可以證明《尚書大傳》所述，有超出二十九篇以外之斷簡殘編與三數篇名耳，固未能確然證明伏生曾見〈書序〉也。然則〈書序〉者，果孔壁中所出也。至於〈書序〉著成時代，大抵不能早於戰國末葉。蓋《毛詩》之〈序〉，其著成時代不得前乎毛公，《周易‧序卦》之著成，亦不能前乎戰國晚年。〈書序〉蓋亦此種風氣下之產物。觀乎〈湯征〉及〈太甲〉兩〈序〉，皆襲《孟子》爲說，則其著成時代，不得上至戰國中葉，可以斷言。然則所謂百篇《尚書》之形成，亦必在此時也。」〔註7〕其說以爲〈書序〉乃孔壁中所出，雖乏直接證據，然確可駁《漢志》以爲孔子作〈書序〉之說也。

〈書序〉既係晚出，其說自不宜過信，孔穎達爲〈洪範‧序〉作《疏》云：「武王伐殷，既勝，殺受，立其子武庚爲殷後，以箕子歸鎬京，訪以天道，箕子爲陳天地之大法，敘述其事，作〈洪範〉。」據此則〈洪範〉九疇之著於《書》，肇因紂王暴虐無道，引起諸侯之革命，武王克殷建周，尊重殷之遺賢，乃訪求之，此篇即武王訪箕子，箕子爲其陳述之建國綱要也，然此說亦僅可視爲傳言耳。有關〈洪範〉之著成時代，本編已闢專章討論（詳第二章），茲不贅述，有待一提者，〈洪範〉之可貴，在其爲一篇極有系統之政治哲學著作，文中所述治國安民之道，歷千古而不朽，討論其成於何時何人，固其餘事也。

〔註6〕康氏之文甚長，茲不具引。請詳見康有爲：《新學僞經考‧書序辨僞》，第二辨，〈今文尚書無序〉。

〔註7〕見屈萬里：《尚書釋義》，華岡出版部印行。

　　夫〈洪範〉所記者，乃箕子所陳之「大法」。〔註8〕此一治天下之大法凡九類，故稱九疇，經文曰：「初一曰五行，初二曰敬用五事，次三曰農用八政，次四曰協用五紀，次五曰建用皇極，次六曰乂用三德，次七曰明用稽疑，次八曰念用庶徵，次九曰嚮用五福，威用六極。」此九疇之綱，綱下申言其目，茲逐一概述如下。

　　（一）五行——水、火、木、金、土也。

　　此本宇宙現象之構成元素，內蘊萬事萬物之體性，發揮相需相成之功能。就人生而言，此乃不可或缺之生活必需品，就原料而言，經曰：「一曰水，二曰火，三曰木，四曰金，五曰土。」就五者之性質而言，經曰：「水曰潤下，火曰炎上，木曰曲直，金曰從革，土爰稼穡。」水潤萬物而就下；火焚萬物而升上；木橈萬物，可使之曲，亦可使之直；金悅萬物，而其形可任人更改；土則生成萬物，可以種，亦可以斂；五者之性質如此。就其作用而言，經曰：「潤下作鹹，炎上作苦，曲直作酸，從革作辛，稼穡作甘。」蔡沈曰：「鹹、苦、酸、辛、甘者，五行之味也。五行之有聲色氣味，獨言味者，切於民用也。」〔註9〕

　　要之，五行乃人類利用自然，造福民生之物質。能知物之本質與本性，則能使物盡其用，故天子須察五行之理，而善加調和運用，如此庶幾可以統御天下，領導萬民而無失矣。

　　（二）五事——貌、言、視、聽、思也。

　　此乃人加涵養德性之道。經曰：「貌曰恭，言曰從，視曰明，聽曰聰，思曰睿。恭作肅，從作乂，明作哲，聰作謀，睿作聖。」按：人君高居上位，領導群倫，當有為君之道，此五事即人君修身克己之法也。貌恭者，正其衣冠儀容之謂；言從者，不悖情理之謂；〔註10〕視明者，能明事理，別是非之謂；聽聰者，如言從諫之謂；思睿者，慎思明辨之謂也。夫人君既見尊為天子，理應為臣民之表率，能敬用五事，則可修己、可治人矣。

　　（三）八政——食、貨、祀、司空、司徒、司寇、賓、師也。

　　此乃政治上之職掌分類。食、貨乃人民之經濟生活，建國之首要在民生，

────────────

〔註8〕偽孔《傳》云：「洪，大；範，法也。言天地之大法。」

〔註9〕見蔡沈：《書經集傳》，卷四。

〔註10〕偽孔《傳》云：「言曰從，是則可從。」吳闓生《尚書大義》云：「從，順也。順於理也。」

故先置司民食與掌財貨之官。祀爲古代國之大事，爲使民德歸厚，故又置掌祭祀之官。〔註 11〕食貨而後祀，政雖未備，猶孟子所謂「王道之始也」。〔註 12〕僅有其始，尙不完備，故再置掌民土地居處之官，使民安其居；然後置掌教萬民之官，以開導人民。〔註 13〕爲防不受教者作亂，故再置掌詰盜賊奸慝之官，如此則內政備矣。內政備，可致力外交。諸侯與天子間，國與國間，往來交際，相互賓待，須有一定之禮法，方能敦睦邦交，故設掌諸侯朝覲之官。最末則爲軍隊，蓋兵可備而不用，然不可一日不備，有備無患，無兵則難禦外侮，軍隊負安內攘外之重任，不可忽視，故又置掌軍旅之官。〔註 14〕

（四）五紀——歲、月、日、星辰、曆數也。

此乃唐虞以來，觀象授時之要政。星謂二十宿，辰謂十二辰。二十八宿迭見，以敘節氣；十二辰以紀日月所會。〔註 15〕中國自古以農立國，最重天時、曆數，《論語》載「堯曰：『咨爾舜，天之曆數在爾躬』」，〔註 16〕《尙書‧堯典》亦曰：「乃命羲和，欽若昊天，曆象日月星辰，敬授人時。」又曰：「朞三百有六旬有六日，以閏月定四時成歲。允釐百工，庶績咸熙。」又曰：「（舜）在璿璣玉衡，以齊七政。」〔註 17〕是五紀所以協天時，敬人事也。

由五紀可推及一切行事，蓋凡事皆須合乎時宜，猶如稼穡，不得其時，則必不能有所穫矣。爲政亦然，失其時，則不能得其宜矣。

（五）皇極

此敘述天子須以大中至正之德懷，以爲四海萬民之楷模。皇極者，君權之法則也。〔註 18〕國君在位，應建立其當行之法則，即至善之標準。其標準者何？經文言之極詳：「皇建其有極，斂時五福，用敷錫厥庶民。惟時厥庶民于汝極，錫汝保極。凡厥庶民，無有淫朋；人無有比德，惟皇作極。凡厥庶民，有猷有爲有守，汝則念之。不協于極，不罹于咎，皇則受之。而康而色，曰：『予攸好德』，汝則錫之福，時人斯其惟皇之極。無虐煢獨，而畏高

〔註 11〕曾子曰：「愼終歸遠，民德歸厚矣。」（《論語‧學而》）
〔註 12〕孟子曰：「養生喪死無憾，王道之始也。」（〈梁惠王下〉）
〔註 13〕此即孔子所謂「庶而後富，富而後教」。（詳《論語‧子路》「子適衛」條）
〔註 14〕《論語》載「子貢問政。子曰：『足食，足兵，民信之矣。』」（〈顏淵〉）
〔註 15〕僞孔《傳》有說，詳《尙書正義》，卷十。
〔註 16〕見《論語‧堯曰》。
〔註 17〕今本僞《古文尙書》以上爲〈舜典〉。
〔註 18〕僞孔《傳》：「皇極，大中之道。」

明。人之有能有爲，使羞其行，而邦其昌。凡厥正人，既富方穀，汝弗能使有好于而家，時人斯其辜。于其無好德，汝雖錫之福，其作汝用咎。無偏無陂，遵王之義；無有作好，遵王之道；無有作惡，遵王之路。無偏無黨，王道蕩蕩；無黨無偏，王道平平；無反無側，王道正直。會其有極，歸其有極。曰，皇極之敷言，是彝是訓，于帝其訓。凡厥庶民，極之敷言，是訓是行，以近天子之光。曰，天子作民父母，以爲天下王。」經之所以不憚反復解說，正以皇極乃九疇之核心，亦即政治建設之最高目標也。

皇極既立，天子即須以此爲施政之本，一切設施以民爲重，庶民無分貴賤，亦須共同信守，以輔成「王道」。在上者凡事能以民爲本，百姓能與人君同心協力，則何患政不舉，國不治乎？

（六）三德——正直、剛克、柔克也。

此乃基於皇極之大題下，天子治人之措施也。治道應因人而異，不宜墨守成規，和平安祥之人，可以正直治之；彊暴而不馴服之人，改以嚴厲剛猛之手段治之；和順之人，則懷柔之而已。耽於逸樂之人，則以剛強之手段治之；高明君子，則以柔和之度優禮之。〔註 19〕此皆政治原則之靈活運用，一言以蔽之曰：治道之運用不拘一格耳。

（七）稽疑——謀及乃心、卿士、庶人、卜筮也。

上古凡遇疑難之事，每用卜筮以作決斷，尤以崇信鬼神之殷商爲然。以今日知識之進步，科學之昌明，卜筮決疑之法，固可譏之爲迷信，然古人既以爲宇宙人生咸受神之支配，亦即上天可主宰一切，則卜筮自有安定人心之作用在，吾人不可以今人之觀念論其價值也。況經言「三人占，則從二人之言。汝則有大疑，謀及乃心，謀及卿士，謀及庶人，謀及卜筮。」則亦非完全仰賴卜筮，由此可證吾國民本思想自古有之矣。人君有疑待決，先在心中思量，其次與卿士、庶民共同策畫，然後質諸蓍龜，此正表示行政貴在以民爲本，以眾人之意爲意，如是則一切設施非僅合乎天意，亦且順乎民心也。

（八）庶徵——雨、暘、燠、寒、風、時也。

此王道實現與否之各種徵驗。中國自古以農立國，氣候之變化，影響國計民生至鉅，故於自然界所顯現之徵象，無不重視之。經文曰：「（雨、暘、燠、寒、風）五者來備，各以其敘，庶草蕃廡。一極備凶，一極無凶。」按：

〔註 19〕此節之訓詁詳見本編第四章〈洪範集釋〉。

「五者」乃生數自然之序而不可紊者也，各依其時令之順序而來，則眾草滋潤繁茂，此自上吉之徵象也。五者之一過多或過少，必有礙人民之生活，此非凶兆而何？經文又云：「曰休徵：曰肅，時雨若；曰乂，時暘若；曰哲，時燠若；曰謀，時寒若；曰聖，時風若。」以五事配合庶徵，前後呼應，意謂王道是否實現，尚須徵之於天也。政事美善之徵驗如此，其敗壞者又如何？經文曰：「曰咎徵：曰狂，恒雨若；曰僭，恒暘若；曰豫，恒燠若；曰急，恒寒若；曰蒙，恒風若。」以是之故，天子須靜觀四時變化，方能斷定其休咎。以王道亨通，四時必正；四時紊亂，即證王道未行，斯時天子唯有自新修德，以順天行道也。（按：古有天人相應之說，故以為五事之臧否，足以感召天氣，而其徵有休咎焉）

（九）五福──壽、富、康寧、攸好德、考終命也。
六極──凶短折、疾、憂、貧、惡、弱也。

此天子與人民奉行天意與否而應有之天譴與賞賜也。五福者，天所以福之，亦人之所樂享，而用之以使人向善也。六極者，天所以懲戒，亦人之所惡，用之以使人畏不善也。其在於天子，如「皇極」節下所言，要能「斂是五福，用敷錫厥庶民」，然後「惟時厥庶民于汝極，錫汝保極」，否則即降六極矣。〔註20〕饗以五福，威用六極，降祥降殃，似由天命，實亦人自召之也。此可謂王道行否之最終徵驗，王道行，天降五福；王道不行，天降六極。至六極降，而天子仍不悔悟，則「天祿永終」，上天將另任賢者以為天子矣。

總之，〈洪範〉九疇所言，係屬帝王之學，亦春秋以前之政治理想，蓋由神權時期過渡於君權時期之政治哲學也。全篇以皇極為中心，欲天子明究「五行」，慎修「五事」，善用「三德」以施行「八政」，以民意與卜筮「稽疑」，以「五紀」、「庶徵」考察行政之得失，得則天降「五福」，失則天降「六極」矣。其大旨如此，以今日視之，誠不免帶有迷信色彩，然其立論之正大，條理之井然，上古之著作，固無出其右者，在殷末周初，自為極具價值之理論，在中國學術史上，亦應有其地位焉。而《尚書》，尤以〈虞書〉及〈洪範〉之義蘊，多為後世儒家所取資，孔孟之思想即導源於此，其影響可謂至深且鉅矣。

〔註20〕 蔡沈：「五福六極，在君則係於極之建不建，在民則係於訓之行不行。」《書經集傳》，卷四。

第二章　《尚書‧洪範》著成之時代

〈洪範〉一篇，舊說皆以爲作於西周之初，民國以來，疑古之風盛，學者紛紛撰文以駁舊說，而各家說法亦不純一，於是〈洪範〉究成於何時何人，遂無定論矣。茲據各說，逐一論述之。

第一節　有謂作於西周之初者

〈書序〉：「武王勝殷，殺受，立武庚，以箕子歸，作〈洪範〉。」是〈書序〉以本篇作於武王時也。

〈書序〉之作者，舊以爲孔子，〔註1〕今既已知〈書序〉爲後人僞作，〔註2〕則其說詞自不宜一味信從，然此處〈書序〉所言乃根據經文，又非無稽之談也。〔註3〕

《史記‧周本紀》：「武王已克殷，後二年，問箕子殷所以亡。箕子不忍言殷惡，以存亡國宜告。武王亦醜，故問以天道。」《正義》：「箕子殷人，不忍言殷惡，以周國之所宜言告武王，爲〈洪範〉九類，武王以類問天道。」

又，〈宋微子世家〉云：「武王封紂子武庚祿父以續殷祀，使管叔、蔡叔傅相之。武王既克殷，訪問箕子。」以下逐錄〈洪範〉全文，並言：「於是武王乃封箕子於朝鮮而不臣也。」司馬遷亦以〈洪範〉成於武王時也。〔註4〕

〔註1〕《漢書‧藝文志》曰：「《書》之所起遠矣，至孔子纂焉，上斷於堯，下訖於秦，凡百篇，而爲之序，言其作意。」此孔子作書序百篇之說所本。

〔註2〕〈書序〉晚出，非孔子之作，此已成定論，詳見蔣伯潛：《十三經概論》、屈萬里：《尚書釋義‧敘論》。

〔註3〕〈洪範〉篇首有周武王十三年，王訪於箕子之記載。

〔註4〕康有爲《新學僞經考》以爲《史記》所言乃〈書序〉之所本，是則以〈洪範〉成於武王之時，始於《史記》，唯此說缺乏實證。

《漢書‧五行志》曰：「《易》曰：『天垂象，見吉凶，聖人象之；河出圖，雒出書，聖人則之。』劉歆以為虙羲氏繼天而王，受河圖，則而畫之，八卦是也；禹治洪水，賜雒書，法而陳之，〈洪範〉是也。聖人行其道而寶其眞，降及於殷，箕子在父師位而典之。周既克殷，以箕子歸，武王親虛己而問焉。故經曰：『惟十有三祀，王訪於箕子，王乃言曰：「烏嘑，箕子！惟天陰騭下民，相協厥居，我不知其彝倫逌敘。」箕子乃言曰：「我聞在昔，鯀陻洪水，汩陳其五行，帝乃震怒，弗畀〈洪範〉九疇，彝倫逌斁，鯀則殛死，禹乃嗣興，天乃錫禹〈洪範〉九疇，彝倫逌敘。」』此武王問雒書於箕子，箕子對禹得雒書之意也。」

　按：相傳伏羲之世，有龍馬背負圖案，出於黃河，伏犧遂則其文，以畫八卦，謂之河圖。夏禹治水，有靈龜背負文篆，出於洛川，禹法而陳之，謂之洛書。《尚書‧顧命》記載：「大玉、夷玉、天球、河圖，在東序。」偽孔《傳》：「河圖八卦，伏羲王天下，龍馬出河，遂則其文，以畫八卦，謂之河圖，及典謨皆歷代寶傳之。」〈洪範〉經文亦載「天乃錫禹〈洪範〉九疇，彝倫攸敘」，偽孔《傳》云：「天與禹，洛出書，神龜負文而出，列於背，有數至于九，禹遂因而第之，以成九類，常道所以次敘。」唐孔穎達《疏》云：「《易繫辭》云：『河出圖，洛出書，聖人則之。』九類各有文字，即是《書》也。而云：『天乃錫禹』，知此天與禹者，即是洛書也。《漢書‧五行志》：『劉歆以為伏羲繫天而王，〔註5〕河出圖，則而畫之，八卦是也。禹治洪水，錫洛書，法而陳之，〈洪範〉是也。』先達共為此說，龜負洛書，經無其事，《中侯》及諸緯多說黃帝、堯、舜、禹、湯、文、武受圖書之事，皆云龍負圖，龜負書，緯侯之書不知誰作，通人討覈謂偽起哀平，雖復前漢之末始有此書，以前學者必相傳此說，故孔以九類是神龜負文而出，列於背，有數從一而至於九，禹見其文，遂因而第之成此九類法也。此九類陳而行之，常道之所以得次敘也。言禹第之者，以天神言語必當簡要，不應曲有次第丁寧若此，故以為禹次第之。禹既第之，當有成法可傳，應人盡知之，而武王獨問箕子者，〈五行志〉曰：『聖人行其道而寶其身，降及於殷，箕子在父師之位而典之，周既克殷，以箕子歸周，武王親虛己而問焉。』言其箕子典其事，故武王特問之，其義或當然也，

〔註5〕阮元〈尚書注疏校勘記〉：「浦堂云：『繼誤繫』。」

若然。大禹既得九類，常道始有次敘，未有洛書之前，常道所以不亂者，世有澆淳，教有疏密，三皇已前無文亦治，何止無洛書也。但既得九類以後，聖王法而行之，從之則治，違之則亂，故此說常道攸敘攸斁由洛書耳。」凡此皆以爲〈洪範〉九疇者，天錫禹也，其後由箕子傳之武王也。此類神話，今人以常識即可判斷其爲傅會之辭，實則經文之所以強調「天乃錫禹洪範九疇」者，乃因箕子欲借此以重其說也。故託之於大禹者，實有其用意也。《聖經》舊約言摩西在西奈山受十戒，意味與此或同。

　　自《史記》、《漢書》、僞孔《傳》以〈洪範〉爲箕子所陳，作於西周之初後，遜清之前，治《尚書》者，雖或疑〈洪範〉有脫簡誤編，〔註6〕然未有疑其非西周時文也。如唐孔穎達〈洪範‧序‧疏〉云：

「此經文旨異於餘篇。非直問答而已。不是史官敘述，必是箕子既對武王之問，退而自撰其事，故《傳》特云箕子作之。《書傳》云：『武王釋箕子之囚，箕子不忍周之釋，走之朝鮮，武王聞之，因以朝鮮封之。箕子既受周之封，不得無臣禮，故於十三祀來朝，武王因其朝而問洪範。』案：此序云勝殷，以箕子歸，明既釋其囚，即以歸之，不令其走去而後來朝也。又朝鮮去周，路將萬里，聞其所在，然後封之，受封乃朝，必歷年矣，不得仍在十三祀也。〈宋世家〉云：『既作〈洪範〉，武王乃封箕子於朝鮮』，得其實也。」

按：此論恐未諦，周武王十一年克殷，〔註7〕則經文云「惟十有三祀，王訪於箕子」，乃在克殷後二年也。或謂朝鮮離周京遠在萬里，則萬里荒服外之箕子，不能於二年中往而復來，然古代交通即令異常不便，兩歲中由朝鮮往而復來，似亦無直接證據可證其斷不可能，故以常情推論，《書傳》之言誠有欠通之處，而孔氏以「必歷年矣」一詞推翻《書傳》之言，證據仍嫌不足。雖然，《史記》所言仍較《書傳》爲合乎情理也。

　　宋以後之經師，固有疑〈洪範〉有錯簡者，而於其著成於武王之時，則未嘗稍疑，如宋蔡沈《書經集傳》云：

〔註6〕〈洪範〉有錯簡之說，始於蘇軾《東坡書傳》，其後金履祥《尚書表注》及王柏《書疑》皆言之，《書疑》且別爲寫本。

〔註7〕武王克殷之年，眾說紛紜，迄今尚無定論，此處暫採董作賓氏之說，以爲在周武王十一年，即西元前1111年（庚寅）也，詳見本編第二章第四節。

「按篇內曰而曰汝者，箕子告武王之辭，意〈洪範〉發之于禹，箕子推衍增益以成篇歟？今文、古文皆有。」

宋胡士行《尚書詳解》云：

「殷之當勝，紂之當殺，武庚之當立，箕子之當以歸，並行而無心，循天命之正，由至公之理也。以者箕子之心不歸周，以之歸者武王也。箕子嘗言罔爲臣僕矣，然天以是道畀禹，傳至箕子，非武王莫可傳也。且武庚之立，武王遇商有禮矣，此箕子所以歸也。」

宋蘇軾《東坡書傳》云：

「洪範，大法也。武王殺受，立武庚，非所以問〈洪範〉者，而孔子于此言之，〔註8〕明武王之得箕子，蓋師而不臣也。箕子之言曰：『殷其淪喪，我罔爲臣僕。』殷亡，則箕子無復仕之道，以此表正萬世爲君臣之法，如伯夷、叔齊之志也。箕子之道德賢于微子，而況武庚乎？武王將立殷後，必以箕子爲首，微子次之，而卒立武庚者，必二子辭焉。武庚死而立微子，則是箕子固辭而不可立也。太史公曰：『武王封箕子朝鮮，而不臣也，非五服之外，賓客之國，則箕子不可得而侯也。』然則曷爲爲武王陳〈洪範〉也？天以是道畀禹，而傳至于箕子，不可使自我而絕也，以武王而不傳，則天下無復可傳者矣，故爲箕子之道者，傳道則可，仕則不可，此孔子敘《書》之意也。」

元金履祥《尚書表注》云：

「初，大禹治水，至洛得神龜背負數，載九履一，左三右七，二、四爲肩，六、八爲足，五爲心腹，其後帝舜命禹則而爲書，是爲〈洪範〉九疇，其綱目皆大禹之經，其發明者乃箕子之傳，中頗有錯簡。」

宋胡瑗《洪範口義》云：

「此篇得入〈周書〉者，以此篇箕子爲武王述大法九類之書，故得入〈周書〉也。」

元許謙《讀書叢說》云：

「大禹法象龜文，止于前十句，其『初一曰』至『次九曰』二十七字，是箕子對武王陳述之詞，其後九疇之目亦禹之經，箕子陳之。」

元董鼎《尚書集傳纂注》引宋陳大猷之言曰：

〔註8〕案：東坡以爲〈書序〉作於孔子。

「箕子之陳〈洪範〉，文王之演《易》，皆當殷之末，周之初也。」

元吳澄《書纂言》云：

「洪，大也，範謂鑄金之模匣，禹治水之時，洛出神龜，龜背有文自一至九，禹則之，第列三才之道，分為九類，以配九數，其綱九，其目五十，凡天下之道，悉包括而無外，故曰〈洪範〉。」

又著《易纂言》云：

「河圖者，羲皇時，河出龍馬，背之旋毛，後一六，前二七，左三八，右四九，中五十，以象旋毛如星點，而謂之圖，羲皇則其陽奇陰耦之數，以畫卦生著。洛書者，禹治水時，洛出神龜，背之拆文，前九、後一、左三、右七、中五、前之右二、前之左四、後之右六、後之左八，以其拆文如字畫，而謂之《書》，禹則自其一至九之數，以敘〈洪範〉九疇。」

元胡一中《定正洪範集說》云：

「所謂天錫者，豈果諄諄然命之哉？亦言理之順乎天，正如天乃錫王勇智云爾。漢儒乃傅會神龜負書出洛而禹作〈範〉，殊不知河圖洛書皆出於上古伏羲以前之世，《易大傳》明言聖人則之以作《易》，兼二者而用之者也。禹得河洛之數，順五行之理以治水土，因而衍之為治天下之大法，如天錫與之，欲武王之敬其事而毋忽也。此雖殷人尚鬼之義，而箕子之意亦豈若漢儒之神奇說哉？此史官述問答之辭，以敘〈洪範〉授受之原，而冠之禹經箕傳之首云。」

按：胡氏《定正洪範》首為〈圖說〉，其次攷定經文，再次為〈雜說〉，大抵支離破碎，言多穿鑿，而割裂舊文，強分經傳，竄易字句，臆為顛倒，尤為無理。然此處解釋天錫禹云云，却言之成理。而其以為〈洪範〉出於史官之手，亦較蔡氏《集傳》以之為箕子自撰者為合乎情理。

〔註9〕

元陳悅道《書義斷法》云：

「洛書之出也，九疇之數而已，而禹乃即洛書以明〈洪範〉，即〈洪範〉以為疇，是雖不離乎數，而理已行乎其中矣。蓋古今天下之大

〔註9〕蔡《傳》：「意〈洪範〉發之于禹，箕子增益以成篇歟？」用疑問語氣，蓋亦不能肯定洪範出於何人之手，而孔穎達言「不是史官敍述，必是箕子既對武王之問，退而自撰其事，故《傳》特云箕子作之」，亦兼存二說。

法，即日用彝倫之大經，禹因數以觀理，而大法以明；箕子即數以明理，而大經以正，然後歸美於禹，而推本於天，所以見理之果不違乎數。」

明馬明衡《尚書疑義》云：

「〈洪範〉之書，註疏以爲是箕子告武王之後，歸而次敘成篇，以爲典教，如是則是篇通是箕子之筆。……愚反覆思之，沈潛其義，是篇蓋武王既訪，箕子既陳，周之史官次第其語而成篇也。稱祀不稱年者，則武王重箕子之不臣，尊箕子之道，故特以商之舊稱之，此聖人大公無我之心也。」

按：馬氏亦以〈洪範〉著成於武王之時，而撰者爲史官，非箕子，而其所謂稱祀不稱年云云，則與僞孔《傳》等同屬強爲解說之辭。〔註10〕

清朱鶴齡《尚書埤傳》云：

「箕子之衍疇，與文王之象《易》，皆在殷之末造，蓋皆得于憂患之餘，使不遇武王，則禹疇遂爲絕學矣。故曰箕子傳道可也，仕則不可也。」

按：此所謂「殷之末造」者，蓋即陳氏大猷所言之「殷之末，周之初」也。

清朱駿聲《尚書古注便讀》云：

「武庚字祿甫，紂子也，立以爲殷後。殷亡時，箕子不忍爲周之釋，走之朝鮮，後聞武王立殷後，遂來歸，承武王問，武王以箕子之來歸而作此篇。洪猶大也；範，范也，法也。《左傳》、《說文》引此經皆云〈商書〉，或疑箕子自作焉。」

按：孔《疏》引《書傳》謂箕子去朝鮮而復來，朱氏全予接受，而於〈書序〉所言，因《左傳》、《說文》引〈洪範〉之文皆云〈商書〉，故不敢肯定〈洪範〉之作者爲武王或箕子耳。

上引各家之說，雖小有歧異，如箕子先受封而後來朝，或先述〈洪範〉而後受封，以及經文爲史官撰定，或武王寫定，或箕子自撰等等，說法不一，

〔註10〕 經云：「惟十有三祀，王訪於箕子。」《爾雅‧釋天》云：「載，歲也。夏曰歲，商曰祀，周曰年，唐虞曰載。」僞孔《傳》因此而云：「商曰祀，箕子稱祀，不忘本。」其後爲此而解說者多矣，然均爲「想當然耳」之辭，蓋《爾雅》之說本不可信也，說詳本編第四章〈洪範集釋〉。

而〈洪範〉之著成於西周之初,則諸儒概深信不疑也。此一傳統之說,直至民國以後,始有學者疑其非是,而另創新說。

第二節 有謂作於康王之後,戰國之前,或春秋時代,孔子之世者

力主此說者,陽原李泰棻先生也,其所著《今文尚書正偽》一書〔註11〕有〈洪範正偽〉一篇,篇首云:

> 「〈書序〉:『武王勝殷殺受,立武庚,以箕子歸,作〈洪範〉。』《大傳》:『箕子既受周之封,不得無臣禮,故于十三祀來朝,武王因其朝而問〈洪範〉。』《史記·周本紀》:『武王已克殷,後二年,問箕子殷所以亡,箕子不忍言殷惡,以存亡國宜告,武王亦醜,故問以天道。』〈宋世家〉:『武王封紂子武庚祿父以續殷祀,使管叔、蔡叔傅相之。武王既克殷,訪問箕子,(原註:中略)於是武王乃封箕子於朝鮮而不臣也。』《漢書·梅福傳》:『箕子佯狂於殷,而爲周陳〈洪範〉。』據〈書序〉及《漢書》,則〈洪範〉爲箕子所述。〔註12〕《大傳》及《史記》雖未明言,然由『故問以天道』及『武王因其朝而問〈洪範〉』二語觀之,則〈洪範〉之傳亦似箕子,而〈洪範〉本文又云:『箕子乃言曰,我聞』云云,故咸認〈洪範〉述於箕子,但就下列各點觀之,則此篇與箕子絕無關也。」

李先生先述〈書序〉、《大傳》及《史》、《漢》之說,而後一舉推翻,吾人試觀其論據:

> 「一,殷有卜無筮,蓋卜必以龜,筮必以蓍,就卜辭考之,殷無筮字,亦無蓍字,迄周始有筮法,故恒卜筮連舉,如〈君奭〉:『若卜筮,罔不是孚』,《詩·小雅》:『卜筮偕止,會言近止,征夫邇止』,〈衛風·氓〉:『爾卜爾筮,體無咎言』,《管子·五行》:『神筮不靈,神龜不卜』,《僖四年·左氏傳》:『卜之,不吉;筮之,吉』。此類證明不勝枚舉。其在殷代,幾於無事不卜,果有筮法,必當連舉,今竟無一次,故知殷代實無筮法,今〈洪範〉云:『擇建立卜筮人,乃

〔註11〕 李泰棻:《今文尚書正偽》,1931年萊薰閣刻本,臺灣力行書局印行。

〔註12〕 《漢書》言箕子口述〈洪範〉,見諸〈五行志〉,〈梅福傳〉不過引梅福上書成帝「臣聞箕子佯狂於殷,而爲周陳〈洪範〉;叔孫通遁秦歸漢,制作儀品」耳。

—17—

命卜筮』、『立時人作卜筮』、『謀及卜筮』、『筮從』、『龜筮共違于人』，由此以觀，是必筮法大興以後之文，箕子爲殷遺老，殷亡即奔朝鮮，偶賦歸來，何能知此？此其僞一也。」

按：李氏云：「卜必以龜，筮必以蓍，就卜辭考之，殷無筮字，亦無蓍字」，一若至周代始有「筮」、「蓍」二字，實則今可考見之甲文固闕「筮」、「蓍」二字，而周代金文又何嘗有此二字？〔註13〕職是之故，以「就卜辭考之，殷無筮字，亦無蓍字」，推定「迄周始有筮法」。其說未免冒險，以就金文考之，周無筮字，亦無蓍字也。李氏又云：「其在殷代，幾於無事不卜，果有筮法，必當連舉，今竟無一次，故知殷代實無筮法。」夫以殷商文獻之少，〔註14〕欲由此考定其時之社會狀況，已覺甚難，況僅因未見卜辭有「筮」字乎？今人由遺傳至今之文獻及出土之器物，固可考定當時之有某事某物，然却不可因而以爲當時必無某事某物，此尤以上古爲然，蓋上古文獻可能不足，器物發掘必然未盡，以是而認定上古必然如何如何，似乎過於武斷。斯理本至簡明，遽料李先生竟爾忽略矣。且即令殷無筮法，〈洪範〉之有「卜筮」一詞亦無足爲奇，何故？以〈洪範〉既經周室之整理，〔註15〕雜有周代之名詞與口語本在所難免，因之，以此推定箕子與〈洪範〉無涉，恐亦難以令人信服也。

吾人再觀李氏第二條論據。

「二，王稱天子，蓋始於周康王時，〈西伯戡黎〉雖有天子之稱，然其晚出已說於前，〔註16〕故不能以此爲證。〈周書〉前十四篇絕無天子之名，〈康王之誥〉有云：『敢敬告天子』，〔註17〕故知王稱天子當

〔註13〕「卜」字，甲文作ㄅ（殷虛文字甲編二四）、卜（殷《虛文字甲編》七三一一）、イ（《殷契遺珠》六七一），金文作ㄴ（智鼎）；「龜」字，甲文作（北京大學藏甲初稿二・五・四）、（殷《虛文字類編》）：金文作（智鼎）。「筮」「蓍」兩字，甲文、金文均闕。

〔註14〕《論語・八佾》：「子曰：『夏禮，吾能言之，杞不足徵也；殷禮，吾能言之，宋不足徵民；文獻不足故也，足，則吾能徵之矣。』是孔子之時已有夏商文獻不足之嘆。

〔註15〕此說以今人徐復觀先生倡之最力，本章第六節有所討論。

〔註16〕李書中有〈微子正僞〉一文，言及〈西伯戡黎〉絕非商末作品。

〔註17〕「敢敬告天子」一語，僞孔本在〈唐王之誥〉中，歐陽、大小夏侯本在〈顧命〉中。

始此際。再以《詩》證之，〈小雅‧出車〉云：『自天子所，謂我來矣。天子命我，城彼朔方。』毛繫此詩於文王，序謂西有昆夷之患，北有玁狁之難，以天子之命，命將率遣戍役以衛中國，故歌〈出車〉以勞還。然詩中有『王命南仲，赫赫南仲』，則所勞者南仲也。依《漢書‧匈奴傳》，宣王興師命將以征伐之，詩人美大其功，曰：『薄伐玁狁（按：狁者「狁」之誤），至于太原』，『出車彭彭』，『城彼朔方』，〔註18〕是時四夷賓服，稱爲中興。《蔡中郎集》，邕諫伐鮮卑議，謂宣王命南仲、吉甫攘儉狁；而《漢書‧古今人表亦》以南仲、吉甫列上下，次周宣王世；《後漢書‧馬融傳》，融疏亦以此詩爲宣王事，故知西漢今文家說皆謂此詩以美宣王，毛說固無據也。而〈大雅‧假樂〉又云：『媚于天子』，《毛序》〈假樂〉爲美成王者，大約亦作於成王以後，故知王稱天子，至早當始康王，至東周而始通用。今〈洪範〉云『以近天子之光』、『曰天子作民父母』，箕子之口豈能道此？此其僞二也。」

按：李氏以〈小雅‧出車〉爲美宣王之詩，此無可置喙，蓋此詩〈小序〉之說本未必可信。然〈假樂〉一詩，李氏似贊成〈毛序〉之說，實則此詩〈毛序〉所言，義恐亦疏，〔註19〕唯〈假樂〉一詩究成於何時，則無人可以肯定矣。朱《傳》以爲此詩乃公尸之所以答〈鳧鷖〉，〔註20〕清姚際恒《詩經通論》雖不以爲然，然亦不敢肯定此詩之時代〔註21〕而近人屈萬里、王靜芝兩先生則又以朱說爲最近理，〔註22〕然而無論如何，〈假樂〉一詩之時代必不會早於成王，此無庸辭費，如此則李氏

〔註18〕　「薄伐嚴允，至于太原」句見〈小雅‧六月〉，「出車彭彭」、「城彼朔方」俱爲〈小雅‧出車〉詩句。

〔註19〕　《詩序》：「〈假樂〉，嘉成王也。」清姚際恒《詩經通論》：「〈小序〉謂『嘉成王』，想以『不愆不忘，率由舊章』耳。然何自而嘉之？義亦疏矣。」

〔註20〕　《詩‧大雅‧生民之什》有〈鳧鷖〉一詩，朱《傳》云：「此祭之明日，繹而賓尸之樂。」次此詩後，即是《假樂》，朱傳云：「疑即此公尸之所以答〈鳧鷖〉者也。」

〔註21〕　姚際恒《詩經通論》：「《集傳》謂公尸之所以答〈鳧鷖〉，又涉武斷。何玄子謂贊美武王之德，祭武王之詩，此出時藝作《中庸》『舜其大孝也與』章以武並舜之習說耳，豈可用於此詩？或是成王之朝，而其所用則不敢強解。」

〔註22〕　屈先生《詩經釋義》釋經文之前，必先述詩旨，於〈假樂〉之詩旨，屈先生直引朱《傳》之言，而未加按語，此正表示屈先生贊成朱說，王靜芝先生《詩經通釋》則云：「朱《傳》之說，雖云存疑，然最近理，采以俟證。」

以〈假樂〉一詩爲天子一詞始於康王時之佐證，進而推論〈洪範〉作於康王之後，似亦不當，蓋至今尚無人否定姚際恒以〈假樂〉一詩「或是成王之朝」之說也。雖然，「天子」一詞始於西周或無可疑，故李氏亦可以爲箕子之口不能道此也，唯如前所述，〈洪範〉已經周室之整理，則「天子」一詞見諸〈洪範〉，實不足爲奇。

吾人再審李氏第三條論據。

「三，在西周時，除〈洪範〉外，他篇無言五行者，〈甘誓〉雖曾言之，然其晚出已證於前。〔註23〕至春秋時，墨子道之，戰國諸書始昌言之，已見於〈甘誓正僞〉『威侮五行』條下，而〈洪範〉除五行外，又有五事、五紀、五福，皆配五行而來，固不待證，然春秋時恒以『五』約事物，亦見於〈皋陶謨正僞〉『以五采彰施于五色』條下。此外又有八政、三德、六極等，此雖非五，亦係以數約之，此亦東周屬辭比事之通例也。如《管子》有〈七法〉、〈五輔〉、〈八觀〉、〈四稱〉、〈五行〉諸篇，而〈五輔〉云：『德有六興，義有七體，禮有八經，法有五務，權有三度。』〈五行〉云：『天道以九制，地理以八制，人道以六制。』提綱之下，分別說理，行文道句與〈洪範〉同。而《禮記‧禮運》云：『五行四時十二月，還相爲本也。五聲六律十二管，還相爲宮也。五味六和十二食，還相爲質也。五色六章十二衣，還相爲質。』他如諸子之書，如此行文者，例不勝舉。《管子》大部爲戰國時人所雜記，《禮記》大意乃孔子之徒積師說（原註：今《禮記》雖爲漢之小戴所錄，然悉本古體，古禮即孔子弟子所記也），故知春秋戰國行文風格多若是者，〈洪範〉固在《管子》等書之前，然文格如此，當亦東周作品，此其僞三也。」

按：如同〈洪範〉，〈甘誓〉之著成時代，說者亦極紛歧，《墨子‧明鬼下》引述此篇，以爲〈禹誓〉。《莊子‧人間世》、《呂氏春秋‧召類》、《說苑‧正理》亦皆以爲禹與有扈戰時之誓，〈書序〉、《史記‧夏本紀》以爲夏啓與有扈戰時之誓，《呂氏春秋‧先己》則又以爲夏后相與有扈戰。近人屈萬里先生著有〈尚書甘誓篇著成的時代〉一文，以爲本篇作於戰國末葉，〔註24〕而徐復觀先生亦已就屈先生之三大論據一一

〔註23〕李書有〈甘誓正僞〉一文，證明〈甘誓〉非但晚出，且亦非儒家作品也。
〔註24〕此文原載《大陸雜誌》特刊二期，其論據又見〈尚書中不可盡信的材料〉一

駁之矣，﹝註25﹞今檢視屈、徐二家之說，可謂各有所長，而李氏〈甘誓正僞〉所論者大抵爲屈文三大論據所概括，故多已在徐文反駁之內，今設屈、李二氏之說得其實，〈甘誓〉確係戰國之人僞作，亦即如李氏所言，「在西周時，除〈洪範〉外，他篇無言五行者」，然此亦無助於李氏之論說也，何者？此五行與後世鄒衍之五行說全然無涉也。（說詳本章第三節、第四節，與第四章〈洪範集釋〉）李氏又云：「〈洪範〉除五行外，又有五事、五紀、五福，皆配五行而來，固不待證。」此說大約前有所承，﹝註26﹞然亦有待斟酌，蓋吾人細讀〈洪範〉，但知九疇脈絡分明，而不見以五行配五事之跡，亦不見五行與五紀、五福有何必然關連，因之，以五行配五事當至漢初始有，﹝註27﹞〈洪範〉之五行實與人事無關，李氏「固不待證」之治學態度實難令人苟同也。其次，李氏見洪範有「五事」、「五紀」、「五福」諸語，即謂春秋時恒以「五」約事物，然九疇僅三分之一有「五」字，爲自圓其說，李氏乃又云：「八政、三德、六極等，此雖非五，亦係以數約之，此亦東周屬辭此事之通例也。」下舉《管子》與《禮記》以證其說，此種以後世文章風格辨僞之法，約即明胡應麟《四部正譌》所言之「覈之文，以觀其體」，然亦不盡相同，蓋胡氏意指從文體檢驗與作者時代之筆調是否相合，而〈洪範〉九疇以數紀之本屬自然，似與吾人所謂「文體」無關。新會梁任公言及鑑別史料之法時，亦言「各時代之文體，蓋有天然界畫，多讀書者自能知之。故後人僞作之書，有不必從字句求枝葉之反證，但一望文體，即能斷其僞者。」﹝註28﹞此處所謂「文體」當亦與〈洪範〉以數紀九疇之法無關。要而言之，〈洪範〉以數紀九疇乃事所必至，此所以姚姬傳〈辨逸周書〉謂「莊子言聖人之法，以參爲驗，以稽爲決，其數，一二三四是也。此如箕

文，載《新時代雜誌》第一卷第三期。

﹝註25﹞徐復觀先生之說見其所撰〈陰陽五行觀念之演變及若干有關文獻的成立時代與解釋的問題〉，原載《民主評論》第十二卷二十期，現收入臺灣商務印書館出版徐著《中國人性論史》一書中。

﹝註26﹞餘杭章太炎先生以爲「古者〈洪範〉九疇，舉五行傅會人事」。見《太炎文錄初編》卷一，〈子思孟軻五行說〉。

﹝註27﹞《春秋繁露》卷十三〈五行相生〉中，始以五行配「仁、義、禮、智、信」五常，《白虎通德論‧五行》亦以五行與人之五常之德相配。

﹝註28﹞見梁任公：《中國歷史研究法》。

子陳九疇，及《周禮》所載庶官所守，皆不容不以數紀者。是《書》以數爲紀之詞乃至繁複，不可勝紀」，朱右曾《逸周書集訓校釋・序》謂「愚觀此書，雖未必果出文武周召之手，要亦非戰國秦漢人所能僞託。何者？莊生有言，聖人之法，以參爲驗，以稽爲決，一二三四是也。周室之初，箕子陳疇，周官分職，皆以數紀，大致與此書相似」也。今之〈洪範〉，由箕子口述，又經周室與傳承學者之整理，即令箕子口述之文雜亂無章，整理時略加更易，綱下立目，用使眉目清楚，以便流傳，不亦理所當然乎？

吾人再覈李氏第四條論據。

「四，今〈洪範〉思想有若《中庸》者，如云『無偏無陂，遵王之義；無有作好，遵王之道；無有作惡，遵王之路。無偏無黨，王道蕩蕩；無黨無偏，王道平平；無反無側，王道正直。會其有極，歸其有極』，今詳查《易・十翼》中之〈彖傳〉，言中者三十三，〈象傳〉言中者三十。其言中者曰正中，曰大中，曰剛中，曰柔中，剛柔非中也，而得中者无咎，故《易》六十四卦，三百八十四爻，一言以蔽之曰中而已。（原註：參觀錢大昕《潛研堂集》『中庸説』）而《禮記》云：『中也者，天下之大本也；和也者，天下之達道也。致中和，天地位焉，萬物育焉。仲尼曰：君子中庸，小人反中庸。君子之中庸也，君子而時中；小人之中庸也，小人而無忌憚也。』（原註：《中庸》）此皆孔子及其門人之中説也。〈洪範〉雖未明言道即爲中，然既云『無偏無黨』，意亦可知。其思想又有若大同者，如云『汝則有大疑，謀及卿士，謀及庶人，謀及卜筮。汝則從，龜從，筮從，卿士從，庶民從，是之謂大同』，據此則大同者，即天下之民皆從之之謂也。而《禮記》引孔子曰：『大道之行也，天下爲公，（原註：中略）故人不獨親其親，不獨子其子，使老有所終，壯有所用，幼有所長，鰥寡孤獨廢疾者，皆有所養，（原註：中略）是謂大同。』（原註：〈禮運〉）有王者起，誠能天下爲公，則天下之民必皆從之，是〈禮運〉言其方法，而〈洪範〉言其結果，其大同之實則一也。然中庸也，大同也，皆孔子之思想，箕子安得道之？此其僞四也。」

按：此言甚疏，李氏蓋昧於學術流變，故而發此論也。眾所週知，吾國有

組織之哲學體系始於孔子，然古今中外任何一派有系統之哲學思想無不前有所承，儒家思想與其他完整之哲學體系同，斷不能突然萌生，易言之，孔子之思想固博大精深，然絕非其個人獨創，必自有其相當之淵源。今人范壽康先生以為孔子為儒家之祖，其思想源出史官，故其理論偏重人生與政治，且亦帶復古之色彩。〔註29〕孔子之思想是否皆源出史官，姑置不論，〔註30〕而其以為儒家有源遠流長之思想因素，則無可置疑。馮友蘭著《中國哲學史》亦云：「在一社會之舊制度日即崩壞之過程中，自然有傾向於守舊之人，目睹『世風不古，人心日下』，遂起而為舊制度之擁護者，孔子即此等人也。不過在舊制度未動搖之時，只其為舊之一點，便足以起人尊敬之心；若其既已動搖，欲得時君世主及一般人之信從，則必說出其所以擁護之理由，與舊制度以理論上之根據。此種工作，孔子已發其端，後來儒家者流繼之，儒家之貢獻即在於此。」馮書置代表春秋時期哲學思想之《易傳》等於秦漢之際之儒家，雖不足取，而此處所則大致妥適。新會梁任公亦云：「我國政治思想，自孔老墨三聖以後，始畫然標出有系統的主張，成為一家言，前此則片斷的而已。雖然，後起的學說必有所憑藉，然後能發揮光大，故欲知思想淵源，非溯諸三聖以前不可。」〔註31〕凡此皆深曉學術流變之說也。設使〈洪範〉因有大同思想（雖言之甚簡），即可定其為偽，則〈召誥〉有「皇天上帝，改厥元子」之語，其思想與孟子學說合，〔註32〕吾人亦可定其為偽歟？抑以之為後世民本思想之根芽歟？如可定其為偽，則〈湯誓〉、〈牧誓〉、〈大誥〉、〈多士〉、〈多方〉等篇亦均有體現天意以「改厥元子」之思想，則亦皆將視為偽作乎？是其說之不可通也。今人唐華先生著有《孔子哲學思想源流》一書，〔註33〕博採群籍，引證說明，肯定孔子之仁道思想、政治思想、教育

〔註29〕見范壽康先生：《中國哲學史綱要》，臺灣開明書店出版。
〔註30〕范壽康先生據雷海宗先生之說，以為《周易》代表筮人派之思想，《尚書》代表史官派之思想。
〔註31〕見梁任公：《先秦政治思想史》，前論第一章，〈時代背景及研究資料〉，中華書局印行。
〔註32〕《孟子‧梁惠王下》記載，齊宣王問曰：「湯放桀，武王伐紂，有諸？」孟子對曰：「於傳有之。」曰：「臣弒其君，可乎？」曰：「賊仁者，謂之賊；賊義者，謂之殘。殘賊之人，謂之一夫。聞誅一夫紂矣，未聞弒君也。」
〔註33〕《孔子哲學思想源流》，唐華著，正中書局出版。

思想、節財經濟與禮、天、命、鬼、神之思想，無一未有其淵源，其「〈周書〉各篇中之天命鬼神思想」一節有云：「〈洪範〉九疇是中國創天地人三位一體的大憲章」，「殷末箕子，保存著殷以前歷代帝王治國平天下的大法，集其大成，而投與周武王，奠定周制開國的基礎，支配著整個中國思想學術，影響世界力量之大，誠東西獨步，無以比倫。」並強調「日本經濟學博士，田崎仁義先生，大正十五年五月十五日發行之《王道天下之研究》，亦有是主張，說明很詳細」。由是，吾人可以斷定李氏之第四條論據亦不能成立。

李氏之論據既無一可以成立，則其結論「〈洪範〉之作，據一二條知在康王以後，《荀子》、《左傳》皆曾引之，又知應在戰國以前；若據第三、四條，則當在春秋時代，孔子之世，即或更早，孔子刪《詩》、《書》時亦必有所加入，蓋中庸之道、大同之說皆孔子重要主張，必借〈洪範〉之張目，方為稽古」云云，自亦無需再辨其謬矣。

第三節　有謂作於戰國初年者

著文力主此說者，近人屈萬里先生也。屈先生《尚書釋義》云：

「本篇所記者，乃周武王勝殷後，訪於箕子，箕子所陳之大法也。〈書序〉以為箕子所作。今按：本篇『恭作肅，從作乂，明作哲，聰作謀，睿作聖』諸語，顯襲《詩‧小雅‧小旻》『民雖靡膴，或哲或謀，或肅或乂』，及『國雖靡止，或聖或否』諸語為之。〈小旻〉之詩，蓋作於東西周之際；則本篇成書，不得早至西周，此一證也。本篇又云：『王省惟歲，卿士惟月，師尹惟日。』師尹地位在卿士之下，與《詩經》及早期金文皆不合；可知本篇非西周時之作品，此二證也。《荀子‧非十二子篇》，以為五行之說，乃子思所倡；而〈修身篇〉及〈天論篇〉兩引本篇『無有作好』至『遵王之路』四句，且均謂之『《書》曰』，是荀子曾見本篇。關於五行之文獻，更無早於本篇者。茲就荀子之說推之，本篇如不成於子思之手，則當成於子思之徒。其非西周時之作品，此三證也。惟《襄公三年‧左傳》引『無偏無黨，王道蕩蕩』二句，《文公五年‧左傳》引『沈漸剛克，高明柔克』二句，《成公六年‧左傳》引『三人占，從二人』二句，

而均謂之『〈商書〉曰』（前二事亦見《國語》，而不著『《書》曰』
等字）。則是《左傳》成書時（約戰國前期），而本篇已先傳布。又
本篇言五行所代表之物事，尚約而不侈，至鄒衍乃變本加厲。以此
證之，可知本篇之著成，當在鄒衍之前。然則本篇雖未必作於子思，
而其著成時代，蓋約當戰國初年也。」〔註34〕

屈先生之言似若證據齊全，實則仍有疏漏，茲逐一評述之。

（甲）「本篇『恭作肅，從作乂，明作哲，聰作謀，睿作聖』等語，顯襲
　　　《詩‧小雅‧小旻》『民雖靡膴，或哲或謀，或肅或乂』，及『國雖
　　　靡止，或聖或否』諸語為之。〈小旻〉之詩，蓋作於東西周之際，則
　　　本篇成書，不得早至西周。」

　　按：此論證全採今人劉節之說，劉氏著〈洪範疏證〉一文，民國十六年寫
　　　　定，發表於《東方雜誌》第二十五卷第二號，本章第四節有所評論，
　　　　而劉氏論據之一即以洪範「恭作肅，從作乂」數語，係出於《詩‧小
　　　　雅‧小旻》，今一併評述於此。

　　〈小旻〉之詩旨，《詩序》以為「大夫刺幽王也」，朱《傳》云：「大夫以
王惑於邪謀，不能斷以從善，而作此詩。」兩說甚近。是《詩》云「國雖靡
止，或聖或否；民雖靡膴，或哲或謀，或肅或乂」，乃就國與民言，旨在刺君；
而〈洪範〉之肅、乂、哲、謀、聖五者，乃就個人之五事——貌、言、視、
聽、思——而立論，旨在闡明天道，義既與《詩》異，則抄襲之說自難成立。
今人徐復觀先生對此亦有意見：「此段〈洪範〉之文，前後實由四部分構成，
第一部分是『二，五事。一曰貌，二曰言，三曰視，四曰聽，五曰思』。接著
第二部分是『貌曰恭，言曰從，視曰明，聽曰聰，思曰容（從錢大昕說）』。
再接著第三部分是『恭作肅，從作乂，明作哲，聰作謀，睿作聖』。而庶徵的
休徵咎徵，則是以雨、暘、燠、寒、風五者之時否，為貌言視聽思之得當與
否的感應，這可說是第四部分。我想不出從〈小旻〉的五句詩中，能抄襲成
〈洪範〉這樣一套有組織的說法；並且抄襲的不在頭，不在尾，恰恰抄襲在
第三部分，這豈不奇怪嗎？假定不用『抄襲』的名詞，而用『發展』的名詞，
即是說〈洪範〉的五事，是從〈小旻〉的五句詩發展而來，或許稍為通順一
點，但必須把〈小旻〉的五句詩，作為前提條件，再由此前提條件發展下來，

────────────

〔註34〕見屈萬里先生：《尚書釋義》，華岡出版部出版。

才可以說通。而〈洪範〉五事的中心，是恭、從、明、聰、睿；這五者才有構成前提條件的資格；這與〈小旻〉的五句話，只有五個名詞相同，而五個名詞在兩方面所代表的地位，完全不相對稱，所以這是無法抄襲，也是無從發展的。並且這樣的論證方法，乃是『轆轤式』的論證方法，即是這種方法，可以兩邊移動，同時可以運用作任何一方在先，任何一方在後的證據，所以這是最無價值的論證方法。且在此處說，無寧以〈小旻〉係受〈洪範〉的影響，更為自然而合理。」〔註35〕徐氏之言，除從錢大昕說以「思曰睿」為「思曰容」，恐未諦外（見本編第三章〈洪範異文集證〉），其餘諸語可謂言之成理，尤其以〈小旻〉係受〈洪範〉影響，更為近實。鄭康成箋《詩》亦引〈洪範〉五事以釋〈小旻〉曰：「詩人之意，欲王敬用五事，以明天道，故云然。」《毛詩正義》曰：「毛五事皆準《尚書》為說，故毛引《書》曰以證之。」是鄭、孔二氏，並以〈小旻〉之詩襲取〈洪範〉五事以刺君也。朱熹《詩集傳》云：「聖、哲、謀、肅、乂，即〈洪範〉五事之德，豈作此詩者，亦傳箕子之學也歟？」王應麟《困學紀聞》亦云：「詩或聖或否，或哲或謀，或肅或乂。《莊子》天有六極五常，帝王順之則治，逆之則凶，九洛之事，治成德備，皆為〈洪範〉之學。」是亦俱以《詩》語據〈洪範〉而來，今人乃以為反是，實本末倒置也。今人黎建寰先生亦云：「《書》者，人君辭誥之典，右史記言之冊（原注：《尚書正義・序》）；《詩》者，論功頌德之歌，止僻防邪之訓（原註：《毛詩正義・序》）；二者所記，均為古聖、先哲之法言、法行，是以《詩書》所言，多有雷同者。若自《詩》與〈周書〉而言，則〈大雅・大明〉曰：「天難忱斯，不易維王」之天難忱斯，與《尚書・君奭篇》：「天命不易，天難諶。」之天難諶同；（原註：諶，敦煌沈，諶、沈二字古通用）〈大雅・民勞〉曰：「柔遠能邇，以定我王。」〈顧命〉亦有柔遠能邇句；〈大雅・蕩篇〉曰：「天生蒸民，其命匪諶。」〈大誥〉亦曰：「天棐沈辭，其考我民。」孫詒讓曰：「天棐沈，猶〈大雅・蕩〉云：『天生烝民，其命匪諶。』」（原註：《尚書駢枝》）〈大雅・烝民〉曰：「不侮矜寡，不畏強禦。」〈康誥〉則曰：「不敢侮鰥寡。」〈魯頌・泮水〉曰：「明明魯侯，克明其德。」〈康誥〉則曰：「克明德慎罰」。此五者俱《詩經》與〈周書〉之義，有相同或相似者。《書》早於《詩》，或曰《詩》引《書》則可；或曰其言、其義，為周時通行者，《詩》、

〔註35〕見徐復觀先生撰：〈陰陽五行觀念之演變及若干有關文獻的成立時代與解釋的問題〉，《民主評論》第十二卷十九期。

《書》各言其是，亦可；若謂之《書》據《詩》言則不可矣。」〔註36〕黎先生此言甚精，是故吾人不言演繹發展則已，否則必以《詩》據《書》言矣。如據屈、劉兩先生之言，則〈君奭〉、〈顧命〉、〈大誥〉、〈康誥〉諸篇均出後人之手也，恐不可通。

（乙）「本篇又云：『王省惟歲，卿士惟月，師尹惟日。』師尹地位在卿士之下，與《詩經》及早期金文皆不合，可知本篇非西周時之作品。」

按：殷周官制，師尹地位比之卿士若何，必徵之可信之上古文獻，僅言「師尹地位在卿士之下，與《詩經》及早期金文皆不合」，無乃言之過簡乎？屈先生之文乃承劉節之說而來，愚本應先評述劉氏之說，然本論按諸家論〈洪範〉著成時代之順序排列，故列劉節之說於第四節，今屈先生既又承繼劉氏之說，則姑先引劉節有關此說於此，下節評劉氏之說則不再贅述。劉氏節曰：「師尹，三公之官也。《詩‧小雅‧節南山》云：『赫赫師尹，民具爾瞻。』又曰：『赫赫師尹，不平謂何。』又曰：『尹氏大師，維周之氐。秉國之鈞，四方是維。』又《國語》：『百官之政事師尹。』《詩‧毛傳》云：『周有尹士爲大師者，大師爲三公之官也。』海寧王先生〈釋史篇〉（原註：《觀堂集林》卷六）云：『師尹，非謂一人而師其官，尹其氏也。尹氏在邦君殷侯之次，乃侯國之正卿──殷周之間已有此語。《書‧大誥》：「肆予告我友邦君，越尹氏，庶士，御事。」〈多方〉：「誥爾四國多方，惟爾殷侯尹民。」（原註：「民當爲氏字之誤也，原註」）又《詩‧大雅‧常武》：「王謂尹氏，命程伯休父。」又頌鼎寰盤：「尹氏受王命書。」克鼎：「王乎尹氏，冊命克。」師毁敦：「王命尹氏，冊命師毁。」此作冊尹氏，皆《周禮》內史之職，而尹氏爲其長，職在書王命與制祿命官，與大師同秉國政。』（原註：以上雜引〈釋史〉篇文）而〈洪範〉置之卿士之下，不知周初卿士與尹士、太師，同爲三公之官。《周禮》大師爲大夫之職，可見非周初制度，而〈洪範〉非殷周之作，於此亦得一證。」〔註37〕劉氏引王國維之說，以證師尹爲三公之官，地位不在卿士之下，然王氏之說是否全然可信，不無問題。王氏以爲〈洪範〉之「師尹惟日」，師尹非謂一人，此言無可挑剔，而其以〈小雅‧節南山〉「赫

〔註36〕見黎建寰先生：《尚書周書考釋》，臺灣師範大學國文研究所1975年博士論文。
〔註37〕見劉節：〈洪範疏證〉，《東方雜誌》第二十卷第二號。

赫師尹」之師尹，亦非謂一人，則誤矣。〈洪範〉之師尹，師者，眾
也；尹者，正也。師尹者，眾大夫之主其事者也。〔註38〕〈小雅‧節
南山〉之師尹，師乃其官。尹乃其氏，直指一人而言，非泛指朝廷官
職也。〔註 39〕王氏不以〈節南山〉之師尹爲一人，並云：「說詩者以
詩之尹氏爲太師之氏，以春秋之尹氏當之，不亦過乎？」〔註40〕依此，
則王氏以爲尹之爲姓氏始於春秋，《詩經》之師尹乃官名也。此則今
人徐復觀先生已駁之矣，徐氏云：「《左‧隱公十一年》，鄭有尹氏（原
註：《左傳‧隱公十一年》『公（隱公）之爲公子也，與鄭人戰於狐壤，
止焉，鄭人囚諸尹氏，賂尹氏而禱於其主鐘巫……』），日人竹添光鴻
《左氏會箋》以爲『鄭近出自周，必是周尹氏之分族』，其說近是。〈文
十四年‧傳〉：『使尹氏與聃啓訟周公於晉』。〈昭二十六年‧傳〉：『王
子朝及召氏之族，毛伯得，尹氏固，南宮嚚奉周之典籍以奔楚。』這
都是周室的尹氏。若謂西周沒有尹氏，而春秋時代突然出現了尹氏，
這在事實上恐不易說通的。《詩‧小雅‧都人士》：『彼君子女，謂之
尹吉』，鄭《箋》：『吉讀爲姞，尹氏姞氏，周氏婚姻之舊姓也』。又〈大
雅‧常武〉：『王謂尹氏，命程伯休父』，鄭《箋》：『尹氏，天子士大
夫也』。此三詩之時代，大約相去不遠，彼此互證，是西周已有因官
得氏之尹氏，而〈節南山〉的師尹乃『尹氏大師』的約稱，與洪範之
所謂師尹，性質根本不同。」〔註41〕且卿士之地位亦極高，故《詩‧
商頌‧長發》曰：「允也天子，降予卿士。實維阿衡，實左右商王。」
此言天命既降於湯，則天賜予卿士——伊尹也。〔註42〕伊尹輔湯主
政，則卿士位自不低也。《左傳‧隱公三年》亦曰：「鄭武公、莊公爲
平王卿士。」杜預《注》：「卿士，卿之執政者，言父子秉周之政。」
既然，則卿士位於師尹之上，孰曰不宜？且〈周書‧梓材〉亦云：「我

〔註38〕師者，《釋詁》云：「眾也」；尹者，《釋言》云：「正也」。〈洪範〉之「師尹」
乃指眾大夫之主其事者也，孫星衍《尚書今古文注疏》有說。
〔註39〕毛《傳》：「師，太師，周之三公也。尹，尹氏，爲太師。」孔穎達《疏》：「下
云『尹氏大師』，是尹氏爲太師也。」
〔註40〕引文亦見《觀堂集林》卷六〈釋史篇〉。
〔註41〕同註35。
〔註42〕詩云：「實維阿衡」，《史記‧殷本紀》云：「伊尹名阿衡」，司馬貞《索隱》：「《孫
子兵書》：『伊尹名摯』，孔安國亦曰『伊摯』。然解者以阿衡爲官名。按：阿，
倚也；衡，平也。言依倚而取平。《書》曰：『惟嗣王弗惠于阿衡』，亦曰保衡，
皆伊尹之官號，非名也。」

有師師，司徒、司馬、司空、尹、旅。」屈先生以爲尹乃大夫，〔註43〕試問大夫不應位於卿士之下乎？

（丙）「《荀子‧非十二子篇》，以爲五行之說，乃子思所倡。而〈修身篇〉及〈天論篇〉兩引本篇『無有作好』至『遵王之路』四句，且均謂之『《書》曰』，是荀子曾見本篇。關於五行之文獻，更無早於本篇者，茲就荀子之說推之，本篇如不成於子思之手，則當成於子思之徒。」

　　按：五行觀念之形成，或謂起於戰國之後，或謂出於子思之手，此二說均源自章炳麟之〈子思孟軻五行說〉，劉節先曾援此說以立論，屈先生之說又出於劉氏也。章氏《太炎文錄初編》：「《荀子‧非十二子》譏子思、孟軻曰：『案往舊造說，謂之五行。』楊倞曰：『五行，五常；仁、義、禮、智、信也。』五常之義舊矣。子思倡之，亦何損？荀卿何譏焉？尋子思作《中庸》，其發端曰：『天命之謂性』，《注》曰：『本神則仁，金神則義，火神則體，水神則智，土神則信。』《孝經》說略同此。（原註：〈王制‧正義〉引）是子思遺說也。……古者〈洪範〉九疇舉五行傳人事，義未彰著。子思始善傅會，旁有燕齊怪迂之士，侈搰其說，以爲神奇，燿世誣人自子思始，宜哉！荀卿以爲譏也。」欲駁章氏之說，必先明荀子之立論所在。《荀子‧非十二子篇》曰：「案往舊造說，謂之五行，甚僻違而無類，幽隱而無說，閉約而無解，案節其辭，而祗敬之曰：此眞先君子之言也。子思唱之，孟軻和之，世俗之溝猶瞀儒，嚾嚾然不知其所非也，遂受而傳之，以爲仲尼子游爲茲厚於世。是則子思、孟軻之罪也。」先君子者，孔子也；〔註44〕孔子言五行，子思唱之，孟軻和之也。然孔子未曾言水、火、木、金、土，《孟子》七篇亦未有「五行」二字，則荀子所謂五行，應如揚倞注以爲五常也，即令非五常，亦絕非水、火、木、金、土也。章氏爲證明荀子所謂五行，意指水、火、木、金、土，乃引《中庸》鄭玄《注》以證成其說，不知鄭《注》雜以漢世陰陽五行學說，本不足信也。且今本《中庸》恐非子思原作全貌，〔註45〕即令確出於子思之手，然《中庸》言天道

〔註43〕屈先生《尚書釋義》云：「尹，正也，謂大夫。」（頁89）
〔註44〕此依楊倞《注》。
〔註45〕相關討論可參拙著《四書引論》，頁30-32，文津出版社印行。

者屢矣，直無一言道及五行，遑論陰陽！由是可知，子思倡之者，斷
非水、火、木、金、土之說也。章氏又以爲〈洪範〉九疇舉五行傅人
事，實則九疇始於民生，水、火、木、金、土乃民生必備之物資也。〈洪
範〉述五行，首言五者之原料，次言五者之性質，次言五者之作用，
簡易非常，與鄒衍之徒所言者全然無涉明矣。使〈洪範〉眞爲子思或
其徒所作，則荀子既批評其五行之說，當知〈洪範〉之僞，何以〈修
身〉、〈天論〉兩引〈洪範〉「無有作好」四句，又稱之爲「《書》曰」？
恐其不可通者。故章氏之言實難成立，屈、劉兩說有待商榷。

（丁）「《襄公三年‧左傳》引『無偏無黨，王道蕩蕩』二句，《文公五年‧
左傳》引『沈漸剛克，高明柔克』二句，《成公六年‧左傳》引『三
人占，從二人』二句，而均謂之『〈商書〉曰』（前二事亦見《國語》，
而不著『書曰』等字）。則是《左傳》成書時（約戰國前期，《國語》
亦然），而本篇已先傳布。」

按：屈先生之前，劉節亦有此說，唯《左傳》一書究成於何時，劉氏不敢
肯定，而屈先生以爲成於戰國前期耳。今審諸屈先生各條論據，以此
說最弱，何故？《左傳》成書時，〈洪範〉已先傳布，既然，則焉得謂
〈洪範〉必成於戰國初年？〈洪範〉由箕子口述，西周史臣整理，《左
傳》三引其文，自然而然，似不顯其怪。

（戊）「本篇言五行所代表之事物，尚約而不侈，至鄒衍乃變本加厲，可知
本屬之著成當在鄒衍之前。」

按：如前所言，〈洪範〉五行乃民生所需之物資，《尚書大傳》曰：「水、火
者，百姓之所飲食也；金、木者，百姓之所興作也；土者，萬物之所
資生也。」是〈洪範〉五行乃人之日常所見、所聞、所用者，與後世
陰陽家光怪陸離之說迥然有異，豈僅「約而不侈」耳？鄒衍或借「五
行」一名詞，倡其終始五德論，然今人談〈洪範〉五行實不必受其影
響也。漢儒之說五行者，於自然界之反常現象，雖瑣細不足道者，亦
認其與人事有關，且必牽強附會，舉出與之相應之事實。《漢書‧天文
志》有云：「凡天文，……其伏見早晚、邪正存亡、虛實闊陝及五星所
行，合散犯守，陵歷鬥食，彗孛飛流，日月薄食，暈適背穴，抱珥重
蜺，迅雷風妖，怪雲變氣，此皆陰陽之精，其本在地，而上發於天者

－30－

也。故失於此，則變見於彼，猶影之象形，響之應聲。是以明君睹之
而悟，飭身力行，思其咎謝，則害除而福至，自然之符也。」後世史
書之〈五行志〉，莫不如《漢書》之例，陰陽五行學說之影響由此可略
見一斑。而或正因漢儒喜以〈洪範〉五行與鄒衍五行相附會，[註46]
屈先生始受其影響，以爲〈洪範〉五行即後世鄒衍所謂之五行，唯「尚
約而不侈」耳。今既知〈洪範〉五行與鄒衍五行風馬牛不相干，則屈
先生之第五條論據恐亦不宜深信。

　　屈先生之結論「然則，本篇雖未必作於子思，而其著成時代，蓋約當戰
國初年也」，必須五條證據均無可置疑，始能成立，其中一條有待商榷，其結
論即不得稱爲定論，而由前述觀之，屈先生以爲〈洪範〉成於戰國初年，或
許與事實有若干差距。

第四節　有謂作於秦統一以前，戰國以後者

　　主此說者，劉節也。今人懷疑〈洪範〉非成於周初者，亦由劉節首發其
覆。劉氏之論證具見〈洪範〉疏證一文，[註47]唯其文甚長，不便迻錄，茲
特就其主要論證逐一駁斥於後。

（甲）「十三祀之說，今古文家所解不同。《史記‧宋微子世家》云：『箕子
　　　者，紂親戚也。紂爲淫佚，箕子諫不聽，乃被髮佯狂而爲奴，紂又
　　　囚之；周武王伐紂，釋箕子之囚。』又案〈周本紀〉『武王十一年十
　　　二月，師渡孟津，二月至於商郊牧野。已而，命召公釋箕子囚，乃
　　　罷兵西歸。』（原註：據此當在十二年，正當克殷之年）〈本紀〉又
　　　云：『武王已克殷，後二年，（原註：據此當爲十四年）問箕子殷所
　　　以亡，箕子不忍言殷惡，以存亡國宜告。武王亦醜，故問以天道。』
　　　此皆《史記》所載，一在十二年，一在十四年，兩說與十三祀俱不
　　　合。《漢書‧五行志》云：『劉歆以爲禹治水，賜洛書，法而存之，〈洪
　　　範〉是也。聖人行其道而寶其身，降及於殷，箕子在父師位而典之。

〔註46〕董仲舒《春秋繁露》卷十三〈五行相生〉中，以五行配五常，《白虎通德論‧
　　　　五行篇》以五行與人之五常之德相配，凡此皆漢儒喜以〈洪範〉五行與鄒衍
　　　　五行相附會之證。
〔註47〕劉節：〈洪範疏證〉，原載《東方雜誌》第二十五卷第二號。

周既克殷，武王親虛己而問焉。』此古文家說也。孔氏《書疏》引
《書大傳》云：『武王釋箕子囚。箕子不忍周之釋，走之朝鮮。武王
聞之，因以朝鮮封之。箕子受周之封，不得無臣禮，故於十三祀來
朝，武王因其朝而問〈洪範〉。』此今文家說也。東漢古文家未及十
三祀。而朝鮮離周京遠在萬里，武王克殷在十二年，釋囚封箕子，
最早不過此時，何至於去周京萬里外之箕子，於一歲之中，能往而
返，來朝於周？其說必不可通。《書傳》應在《史記》以前，何至矛
盾若是，可見〈洪範〉傳說不可信。」

按：武王克殷之年，說頗紛歧，劉氏據《史記‧周本紀》，以爲當在武王十
二年，其證毋寧過簡耶？夫武王克殷之年，言人人殊，或謂西元前 1122
年（己卯），此劉歆《三統世經》首創，邵雍《皇極經世》、劉恕《通
鑑外紀》、鄭樵《通志》、金履祥《通鑑前編》皆從其說，清乾隆時奉
敕撰之《通鑑輯覽》亦將伐紂之年列於己卯。或謂西元前 1116 年，皇
甫謐《帝王世紀》主之。〔註48〕殷曆家則主張克殷在西元前 1070 年，
〔註49〕姚文田《周初年月日星歲考》以爲在西元前 1067 年，〔註50〕日
人新城新藏《周初之年代》以爲當在西元前 1066 年，今本《竹書紀年》
以爲在西元前 1050 年，林春浦《古史考年異同表》以爲在西元前 1047
年，丁山《周武王克殷日曆》以前在西元前 1030 年，陳夢家《西周年
代考》據古本《竹書紀年》，以爲當在西元前 1027 年，甲骨文學者董
作賓先生據《史記》紀年書，考定伐紂在武王十一年，亦即西元前 1111
年（庚寅）。〔註51〕董氏之說，今人多從之，傅樂成先生著《中國通史》
即採此說，〔註52〕雖然，董說仍未成定讞也，何故？蓋董氏以《尚書‧
武成篇》及其推演之周曆爲輔證，然今已知〈武成〉乃後人僞作，是
其爲旁證之條件已失，則董氏之證據仍嫌不足，其結論自亦不無疑竇
矣。〔註53〕實則欲研究此一距今至少三千年之問題，最科學之方法乃
據文獻、金文、曆法以及月象四者，然上古文獻不足，可供採證之金

〔註48〕《帝王世紀》已佚，此據《史記‧周本紀‧集辭》所引。
〔註49〕詳見董作賓：〈武王伐紂年月日今考〉，載《台大文史哲學報》第三期。
〔註50〕見《遠雅堂集古錄》卷四。
〔註51〕同註48。
〔註52〕傅樂成著，夏德儀校訂：《中國通史》，大中國圖書公司印行。
〔註53〕今人李震先生撰〈武王伐紂年初考〉，即全盤推翻董氏之說，而考定伐紂在西
　　　　元前 1072 年，見《出版與研究》五十九期，1980 年元月出版。

文亦極少，曆法、月象又不必然可靠，故吾人儘可推論，然欲獲致一眾人首肯之結論，難矣！而今，劉節先生僅據《史記‧周本紀》之說，即以為〈洪範〉與箕子無關，可乎？且即如劉氏之說，武王克殷在十二年，此又何以能證箕子不能在一歲之中往朝鮮而復來朝於周？此種以主觀意識為判斷之根據，恐不足憑信。

（乙）「〈洪範〉託始於禹，而箕子陳之，此有可議者。禹之事蹟見於先秦古籍者，大都神話傳說參半；資為信史，毋寧闕疑。〈禹貢〉一篇為禹史之根本，而疑之者曰眾。節未能深究古代地理，不敢置辨。海寧王先生《古史新證》云：『〈虞夏書〉中如〈堯典〉、〈皋陶謨〉、〈禹貢〉、〈甘誓〉；〈商書〉中如〈湯誓〉，文字稍平易簡潔，或係後世重編；然至少亦為周初人所作。』〈禹貢〉既非〈夏書〉之舊，難免有所附益。〈禹貢〉而外，厥為〈洪範〉。『天乃錫禹〈洪範〉九疇』，前代學者皆為曲解。林之奇曰：『「帝乃震怒，不畀〈洪範〉九疇」，猶所謂「天奪其魄」；「天乃錫禹〈洪範〉九疇」，猶所謂「天誘其衷」。』又曰：『其言「天錫」，猶言「天乃錫王勇知」耳。』陳澧《東塾讀書記》云：『〈洪範〉九疇，天帝不錫鯀而錫禹，此事奇怪，而載在《尚書》。反復讀之，乃解。所謂「我聞在昔」者，箕子上距鯀與禹千餘年矣；天帝之錫不錫，乃在傳聞之語也。』（原註：《史記‧宋世家》無「我聞」二字）即從林、陳二氏之說，以〈洪範〉為古代之神話；神話不足為〈洪範〉害，上古之事皆神話與傳說也。所辨者，在真神話與假神話而已。真神話者，不背社會進化之程序，而有其歷史背景者也；假神話，則以後世之民族心理及社會環境曲寫古代之神跡。〈洪範〉，偽神話也。五行之說起於戰國以後，盛於兩漢。新會梁先生考之已詳（原註：〈陰陽五行說之來歷〉見《東方雜誌》第二十卷 10 期）。假使〈洪範〉確為箕子所陳，則周初至戰國已七八百年，何以毫無影響？且〈洪範〉五行，列九疇之等類，為有組織之作，決非遠源於上古者也。《東塾讀書記》又云：『〈洪範〉以庶徵為五事之應，伏生〈五行傳〉以五事分配五行，又以皇極與五事為六，又以五福六極分配之。澧謂此漢儒術數之學，其源出於〈洪範〉。』其實〈洪範〉與〈五行傳〉本出於一派人之手，東塾未敢言之也。」

按：劉氏引王國維之說，似不見有特別意義，今設以〈洪範〉加入王氏文中，則其語為「〈虞夏書〉中如〈堯典〉，〈皋陶謨〉，〈禹貢〉，〈甘誓〉；〈商書〉中如〈湯誓〉；〈周書〉中如〈洪範〉，文字稍平易簡潔，或係後世重編；然至少亦為周初人所作」，則其說不僅不能為劉說之張本，並且有害於劉說。如以為〈洪範〉不得與〈堯典〉、〈皋陶謨〉……並列，則劉氏引王氏《古史新證》之語，全成蛇足矣。

　　林之奇、陳蘭甫二氏之言皆平正而無可置喙，而劉氏不以其說為然，否則不當云「即從林、陳二氏之說，以〈洪範〉為古代之神話；神話不足為〈洪範〉害，上古之事皆神話與傳說也」。實則〈洪範〉之可議處唯篇首箕子言「我聞在昔」一段，而其關鍵乃在箕子欲借此以重其說也，至若「夏禹治水。有靈龜背負文篆，出於洛川，禹法而陳之，謂之洛書」類之神話，純係漢傳附會之詞，與〈洪範〉無涉，而劉氏不僅以〈洪範〉為神話，並貶之為「偽神話」，理由是「五行說起於戰國以後，盛於兩漢，新會梁先生考之已詳」。今按梁任公之考證〔註 54〕亦不能為劉說之張本，蓋〈洪範〉本無蘊含五行說，本編前已強調再三矣。劉氏問：「假使〈洪範〉確為箕子所陳，則周初至戰國已七八百年，何以毫無影響？」吾人可答：「〈洪範〉五行純係五種民生必需品，無絲毫神秘性，亦與後世之五行說無關，焉能在後世引起任何波瀾？」

　　劉氏又謂：「〈洪範〉五行，列九疇之等類，為有組織之作，決非遠源於上古者也。」此則又訴諸主觀意識，茲迻錄徐復觀先生一段話以駁之：「西元1901～1902 年，摩爾根發現了古巴比倫六代王哈姆拉比（Hammurapi）的法典，有二百八十二條的條文，集古代薩麥（Sumer）法及習慣法的大成。準此以推，假定我們先民文化，也有相當長的歷史，則在夏禹時代，把過去政治的經驗教訓，聚結起來，作為人君的政治法典，因而一代一代的傳承下去，並不是希罕之事。所以它是一條一條的列舉的形式。」〔註 55〕同是主觀之判斷，孰是孰非，固無定論，本編則寧取徐說也。

〔註54〕梁任公之考證見〈陰陽五行說之來歷〉一文，原載《東方雜誌》第二十卷第十號。

〔註55〕見徐復觀先生：〈陰陽五行觀念之演變及若干有關文獻的成立時代與解釋的問題〉，原載《民主評論》第十二卷第十九期，現收入徐著《中國人性論史》中，臺灣商務印書館出版。

（丙）「八政之目，蓋隱括〈王制〉之義。其說《七經彙纂》、孫星衍《尚書今古文注疏》及江聲《尚書集注音疏》均言之。惟〈王制〉所敘本無一定境界。細察之，今本〈王制〉次序頗零亂；（原註：如『諸侯之下士祿食九人』一段富在『次國之上卿』一節下，今在篇末。）而所言實限於食、貨、祀、司空、司徒、司寇、賓、師八者。約略分之：自『制農田百畝』以下論食，自『冢宰制國用』以下論貨，自『天子七廟』以下論祀，自『司空執度度地』以下論司空，自『司徒脩六禮以節民性』以下論司徒，自『司寇正刑明辟以聽獄訟』以下論司寇，自『凡養老有虞氏以燕禮』以下論賓，自『五國以為屬，屬有長』以下論師。（原註：今本在於『制農田百畝』以後，『冢宰制國用』以前。）〈王制〉云：『六禮：冠、昏、喪、祭、鄉相見；七教：父子、兄弟、夫婦、君臣、長幼、朋友、賓客；八政：飲食、衣服、事為、異別、度、量、數、制。（原註：此當為『司徒脩六禮，明七教，齊八政』之注，今在於篇末。）可見王制自有八政之目。作〈洪範〉者隱括王制之意，自為食、貨、祀、司空、司徒、司寇、賓、師八政。故列司空、司徒、司寇於食、貨、祀、賓、師之中。其侖類不通，顯然可見，所以八政之下並無釋文。」

按：〈王制〉一篇始於「王者之制祿爵」，繼而分官設職，止於「成歲事制國用」，可謂一完整之施政大綱，而〈洪範〉八政粗略無比，僅有其目，而無釋文，兩相比較，何者在前，何者在後，立即可判。劉氏竟以八政之目隱括〈王制〉之義，實不妥當。

劉氏為支持己論，謂：「其說，孫星衍《尚書今古文注疏》及江聲《尚書集注意疏》，均已言之。」今考孫、江二書，並未以為〈洪範〉八政隱括〈王制〉之義，惟孫《疏》引《國語‧周語》與〈堯典〉各一，〈王制〉、《周禮》各六，江《疏》引《國語‧周語》及〈堯典〉各一，〈王制〉二，《周禮》六，以與〈洪範〉八政互相印證耳，劉氏不惜製造事實之舉，殊無足取。使因孫、江二書之語，即可以為〈洪範〉八政之目隱括〈王制〉之義，則吾人可云：「八政之目蓋隱括〈周語〉之義、〈堯典〉之義、《周禮》之義」耶？是其不可通者也。

（丁）「二十八篇自〈堯典〉至〈湯誓〉諸篇多有韻句，惟〈禹貢〉與〈洪
範〉最多，幾全篇協韻。此成與明叶，及上文明與恭、從、聰、容
叶，下文彊與同、逢叶（按：即「百穀用成」與「乂用明」、「俊明
用章」、「家用平康」、「家用不寧」叶；「貌曰恭」、「言曰從」、「視曰
明」、「聽曰聰」、「思曰容」（劉氏採錢氏大昕之說，以睿為容之誤）
末字叶韻；「是謂之大同」、「身其康彊」、「子孫其逢」末字叶韻）皆
非古與《詩經》不同（按：劉氏原文「古」字下或缺一「韻」字）。
同門息縣劉盼遂精習古音，云：『戰國時東、陽、耕、真諸韻多相叶，
例在《荀子》最多，《老子》亦然，《詩經》則分別甚嚴。』茲取其
說，略舉數例以明之。《荀子・不苟篇》：『惟仁之為守，惟義之為行，
誠心守仁則形。形則神，神則能化矣。』又：『公生明，偏生闇，端
愨生通；詐偽生塞，誠信生神。』〈彊國篇〉：『萬物各得其和以生，
各得其養以成；不見其事而見其功，夫是之謂神。』〈樂論篇〉：『故
樂行而志清，禮修而行成；耳目聰明，血氣和平；移風易俗，天下
皆寧，莫善於樂。』（原註：《禮記・樂記》略同）〈正名篇〉：『欲養
其性，而危其形；欲養其樂，而攻其心；欲養其名，而辭其行。』
又《老子》（原註：王《注》第二十二章）：『不自見，故明；不自是，
故彰；不自伐，故有功；不自矜，故長；夫與不爭，故天下莫能與
之爭。』又《文子・上仁篇》：『豫兮其若冬涉大川者，不敢行也；
猶兮其若畏四鄰者，恐自傷也；儼兮其若客者，謙恭敬也；渙兮其
若冰之液者，不敢積藏也；敦兮其若樸者，不敢廉成也；混兮其若
濁者，不敢清明也；廣兮其若谷者，不敢盛盈也。』據上諸證，成
與明叶乃戰國時叶韻之通例。亦可為〈洪範〉作於戰國時之一證。」

按：《詩經》韻語誠為研究古韻之主要資料，然吾人須有此一觀念：「古人
沒有韻書，押韻完全本乎自然。先秦韻語，時與地的差異都很大。歸
納起來，此疆彼界，不能絕對分開，則是極自然的事。」〔註56〕此所
以自段玉裁起，清儒作古韻分部，不得不承認古有所謂「合韻」或「通
韻」存在。〔註57〕「合韻」或「通韻」者，不同部之例外押韻也。以

〔註56〕引文見董同龢：《漢語音韻學》第十章〈古韻分部〉。
〔註57〕段玉裁〈六書音均表〉特設「古合韻之說」，以解決「古與古異部而合用」之
　　　　問題。此外，孔廣森有「通韻說」，王念孫有「合韻說」，並見陳新雄先生：
　　　　《古音學發微》，文史哲出版社出版印行。

是之故，吾人研究先秦古典，不必問其韻是否合於《詩經》；且《詩經》亦非標準韻書，未必包含一切韻語也。今以〈洪範〉出於箕子，則《詩經》尚成於其後，兩者韻語自亦無需完全相同也。

清儒江有誥冥心研究古者，著有《音學十書》，《群經韵讀》為其一，是書對〈洪範〉用韻言之極詳，今人徐復觀先生即以此批駁劉氏之說：「他（指江有誥）對劉氏所舉的一段的用韵是：『歲月日時無易，百穀用成，乂用明，俊民用章，家用平康（陽部）。日月歲時既易，百穀用不成，乂用昏不明（叶音鳴），俊民用微，家用不寧（耕陽通韻）。』由上文，可知劉氏對此段用韵的觀念的混亂，據江氏所列，明（音芒）、章、康為韵，與《詩經》用韵相合。成、明（音鳴）、寧為韵，則除《尚書‧堯典》之『姓』、『明』，段玉裁《六書音均》表五，分入第十一部；《楚辭》之『明』、『身』，分入第十二部外，不僅在戰國以前為特例，即在戰國整個時期，亦為特例。《楚辭》中〈九歌東君〉即『方』、『桑』、『明』為韵，斷無劉氏所謂『戰國時，康、陽、耕、真諸韵多相叶』，及『成』與『明』叶，『乃戰國時協韵之通例』之說。斷不能由此一二特例以得出考證上之結論。」〔註58〕劉氏為證成其說，又舉《荀子》、《老子》為例，此則徐先生亦已駁之：「劉氏前引《荀子‧樂論篇》及《老子》的幾句話來證明戰國時的東、陽、耕、真諸韵多相叶；若如此，則明必讀為鳴。今試將劉氏所引的兩段話轉錄在下面，而將用韵之字注出。〈樂論篇〉『故樂行而志清，禮修而行成，耳目聰明，血氣和平，移風易俗，天下皆寧，莫善於樂』。按此處『耳目聰明』之明，亦可讀芒而根本不入韵，因為下面兩句是隔句用韵，則此兩句亦可隔句用韵。若『明』讀為『鳴』而入韵，則亦僅可視《荀子》用韵之特例，而非其通例，因為《荀子》完全的韵語，是〈成相篇〉及〈賦篇〉；〈成相篇〉『請成相，道聖王。堯舜尚賢身辭讓，許由善卷，重利輕義行顯明』，『契玄王，生昭明，居於砥石遷於商』，『君法明，論有常』。〈賦篇〉『爰有大物，非絲非帛，文理成章。非日非月，為天下明。死者以葬，城郭以固，三軍以強』，『比干見刳，孔子拘匡。昭昭乎其知之明也，郁郁乎其遇時之不祥也』。可知其中之明，無不讀芒，而無一讀鳴的，更無東、陽、耕、清相協之例。劉氏所引的《老子》『不自見，故明；不自是，故彰；不自伐，故有功；不自矜，故長。夫惟不爭，故天下莫能與之爭』。按上文是『明』、『彰』、『功』、『長』為韵；而『爭』、『爭』另為韵。《老子》全書中，明字皆

讀芒而沒有讀鳴的。不知劉氏何以在《老子》一書中能找出『明』『成』爲韵之例。」〔註59〕於此，吾人應補充說明，即《老子》其書之時代問題，迄今尙無定論。崔東壁〈洙泗考信錄〉、汪中《老子考異》、梁任公〈評胡適之中國哲學史大綱〉，以及馮友蘭《中國哲學史》……等無不以《老子》一書爲戰國時人所作。今人胡適則推論《道德經》之時代先於《論》、《孟》及《墨子》。〔註60〕吾人目前僅可推定《老子》書中某章某語不能爲戰國前之作品，而難以肯定全書究成於何時，以是之故，劉氏以《老子》之韵文評斷〈洪範〉之著成時代，先已流於草率，矧其中又有疏漏如徐氏所駁者乎！劉氏又舉《文子》以證成其說，其所患之誤謬亦復如此，《文子》一書，舊提周辛計然撰，〔註61〕班固首疑其僞，柳宗元以之爲「駁書」，〔註62〕今已確知其書爲僞，〔註63〕且其書半勦《淮南》，〔註64〕而《淮南》一書亦問題重重，〔註65〕因之，以《文子》一書爲其論證，自亦不妥。

（戊）「無偏無頗一節見引於先秦諸子者凡四，見於《左傳》者一，均錄之，從而為之說。《墨子‧兼愛下篇》云：『且不惟〈誓命〉（原註：孫詒讓曰：「〈誓命〉依上文當作〈禹誓〉」）與〈湯說〉為然，周詩即亦猶是也。周詩曰：「王道蕩蕩，不偏不黨；王道平平，不黨不偏。」其直若矢，其易若底；君子之所履，小人之所視。』《荀子‧修身篇》云：『《書》曰：「無所所好，遵王之道；無有作惡，遵王之路」；此言君子之能以公勝私欲也。』《韓非子‧有度篇》云：『先王之治曰：臣無或作威，毋或作利，從王之指；無或作惡，從王之路。』《呂覽‧

〔註59〕同註55。

〔註60〕見胡適〈評論近人考據老子年代的方法〉，遠東圖書公司出版《胡適文存》第四集。

〔註61〕《漢書‧藝文志》道家有《文子》九篇，班固自注：「老子弟子，與孔子並時。而稱周平王問，似依託者也。」《隋書‧經籍志》有《文子》十二卷，注曰：「文子，老子弟子。《七略》有九篇，梁《七錄》十卷，亡。」

〔註62〕柳宗元《柳河東集》：「《文子》書十二篇，其傳曰：『老子弟子。』其辭有若可取，其旨意皆本《老子》。然考其書，蓋駁書也。其渾而類者少，竊取它書以合之者多。凡孟子輩數家皆見剽竊，峣然而出其類，其意緒文辭，又牙相抵而不合。不知人增益之歟？或者眾為聚斂以成其書歟？」

〔註63〕詳見張心澂：《僞書通考》，子部道家類。

〔註64〕章炳麟《菿漢微言》：「《文子》九篇，本見《七略》。今之《文子》，半襲《淮南》；所引《老子》，亦多怪異，其為依託甚明。」。

〔註65〕詳張心澂：《僞書通考》子部雜家類。

貴公篇》云：『故〈鴻範〉曰：無偏無黨，王道蕩蕩，無偏無頗，遵
王之義；無或作好，遵王之道；無或作惡，遵王之路。』《左傳‧襄
三年》引書云：『〈商書〉曰：無偏無黨，王道蕩蕩。』據此，吾人
須注意者有二：稱引之不同，及辭句之不同也。《左傳》曰『〈商書〉』，
荀子曰『《書》』，《呂覽》則稱『〈洪範〉』，皆為引《書》。稱《書》
稱〈商書〉者，不必即為〈洪範〉句也；偽《古文尚書》竟有襲諸
子文集之句者，何況《書》之逸文乎？《呂覽》稱『〈洪範〉』，則〈洪
範〉之作至遲必在《呂氏春秋》以前；《韓非子》稱先王之法，未必
即為引《書》，故《困學紀聞》曰：『蓋述〈洪範〉之言而失之也。』
惟《墨子》所引曰『周詩』獨異。至於辭句方面，《荀子》、《左傳》
乃節引二句，當無異議；《韓非子》引上有『毋或作威』三句，或可
謂之雜引〈洪範〉，《墨子》引下繫『其直若矢』四句，與《詩‧大
東篇》同；惟《呂覽》引之稱『〈洪範〉』，亦與今本不同；若以《呂
覽》近古較真，則今本必經後人竄亂。《左傳》是否先秦舊籍，尚成
問題；則《左傳》引書，未可據為典要；《荀子》、《韓非子》，皆離
戰國末年不久，引《書》或在〈洪範〉已出之後，或為《書》之逸
句，未能據為佐證；惟《墨子‧兼愛篇》引之稱『周詩』，顯見『無
偏無黨』數語為春秋戰國間頗流行之詩。墨子於《書》最熟，且所
引皆歷舉篇名。如言〈泰誓〉、〈禹誓〉、〈湯說〉之類，假如此數言
確在〈洪範〉，墨子決不至名之曰《詩》；且繫『其直若矢』四句，
與〈小雅‧大東篇〉略同；所謂『若矢』、『若底』、『所履』、『所視』，
皆指王道而言；上下連屬為文，其為古詩，當無疑義也。」

按：劉氏之論似係信手拈來，故乏條理，雖然，茲仍逐一駁之。「稱《書》
稱《尚書》者，不必即為〈洪範〉句」，然亦不必即非〈洪範〉句，此
其一。「《呂覽》稱『〈洪範〉』，則〈洪範〉之作至遲必在《呂氏春秋》
以前」，此語誠然；「《韓非子》稱先王之法，未必即為引《書》」，然亦
未必非引《書》也，此其二。「辭句方面，《荀子》、《左傳》乃節引二
句，當無異議；《韓非子》引上有『毋或作威』三句，或可謂之雜引〈洪
範〉」，此語誠然；「《墨子》引下繫『其直若矢』四句，與《詩‧大東
篇》同」，此亦不足為奇，蓋《墨子》『周詩曰』下所引，來源有二，
曰《書‧洪範》與《詩‧大東》，劉氏合而為一（按：劉氏引《墨子》

語，「不黨不偏」下末加引號，顯見其以《書》、《詩》語爲一），乃誤讀也。此其三。「《呂覽》引之稱『〈洪範〉』，亦與今本不同；若以《呂覽》近古較眞，則今本必經後人竄亂」，即令如此（按：〈洪範〉本經周室之整理，非竄亂），亦不足以證〈洪範〉之晚出，此其四。「《左傳》是否先秦舊籍，尚成問題；則《左傳》引書，未可據爲典要；《荀子》、《韓非子》皆離戰國末年不久，引《書》或在〈洪範〉已出之後，或爲《書》之逸句，未能據爲佐證」，果然，則劉氏前之喋喋亦無意義；「惟《墨子‧兼愛篇》引之稱『周詩』，顯見『無偏無黨』數語爲春秋戰國間頗流行之詩」，此當係劉氏此節論據之重心，然亦不足憑信。《墨子》之引《書》稱《詩》者，孫詒讓曰：「古《詩》、《書》多互稱，《戰國策》引《詩》曰『大武遠宅不涉』，即《逸周書‧大武篇》所云『遠宅不薄』，可以互證。」〔註66〕此說極是，蓋《墨子》之《詩》《書》互稱，不止〈兼愛〉一章，〔註67〕此因古人引用典籍，由竹簡繁重，不易翻閱，乃概括大意，或不指出原書書名，或隨意加上「記曰」、「志有之」之類名稱，以示出自古籍，〔註68〕劉氏不明先秦人引用典籍之慣例，以《墨子》引文爲其論證，其說恐不易成立。

（己）「今據陳壽祺輯《尚書大傳‧五行傳》，其所言年代人物皆與〈洪範〉有異。《傳》云：『王元祀，帝令大禹步於上帝，維持洪祀六沴用咎於下。』其辭可謂不倫不類。然而釋五行五事，則與今本〈洪範〉所言契合。今文二十八篇，伏生傳也；〈五行傳〉，伏生所著也；何相矛盾若是？可見當時對於〈洪範〉之傳授各自爲說，並無一定根據，惟求發揮其五行之義而已。此亦可爲〈洪範〉爲陰陽五行家託古立說之證。」

按：《尚書大傳‧五行傳》所言與〈洪範〉有異，此無足爲怪，蓋伏生僅只授二十八篇而未嘗著書也。《史記‧儒林傳》云：「伏生，濟南人也，

〔註66〕見孫詒讓：《墨子閒詁》。
〔註67〕今人黎建寰先生《尚書周書考釋》云：「《墨子》引書，多稱先王之書，然〈尚同篇〉引〈周頌‧載見〉文，而稱先王之書：〈兼愛〉引〈大雅‧抑〉文，而謂先王之所書：〈天志篇〉引〈大雅‧皇矣〉文，而稱先王之書；〈明鬼篇〉引〈大雅‧文王〉文，而稱周書有之：是皆《詩》、《書》互稱之證。」
〔註68〕詳見徐復觀先生：〈有關老子其人其書的再檢討〉，收入徐著《中國人性論史‧附錄》中。

故爲秦博士。孝文帝時,欲求能治《尚書》者,天下無有。乃聞伏生能治,欲召之;是時伏生年九十餘,老不能行,於是乃詔太常使掌故晁錯往受之。秦時燒書,伏生壁藏之。其後兵大起,流亡。漢定,伏生求其《書》,亡數十篇,獨得二十九篇,即以教於齊魯之間,學者由是頗能言《尚書》。諸山東大師,無不涉《尚書》以教矣。」近人屈萬里先生云:「是伏生之書,原由壁藏;經亂散失,僅存二十九篇。其書爲古文所書,抑爲秦篆、爲隸書,雖難確知;而晁錯受書時,乃據伏生之本,寫以隸書,則以斷言者。」〔註69〕由是可知伏生未嘗著書。衛宏《定古文尚書》序云:「伏生老,不能正言,言不可曉也,使其女傳言教錯;齊人語多與潁川異,錯所不知凡十二三,略以其意屬讀而己。」〔註70〕此說雖非全然可信,但亦可爲伏生未嘗著書之證。而《尚書大傳》亦非由伏生寫定,據鄭康成注《尚書大傳·敘》:「蓋自伏生也……至孝文時年且百歲,張生歐陽生等從其學而授之。意聲猶有譌誤,先後猶有差舛。重以篆隸之殊,不能無失。生終後,數子所論所聞,以己意彌縫其闕,別作章句。又特撰大義,因經指名之曰《傳》。劉子政校書,得而上之,凡四十一篇,至玄始詮次爲八十三篇。」可知所謂「伏生《尚書大傳》」也者,實出於伏生之徒,且其後有所增益,否則不當有八十二篇之多。唯其如此,《尚書大傳·五行傳》所言有與〈洪範〉契合者,有與〈洪範〉矛盾者,乃預料中事。劉氏據此而遽謂「可爲〈洪範〉爲陰陽五行家託古立說之證」,恐未諦。

劉氏據前諸證(含第三節所述屈先生承劉氏之說),擬定〈洪範〉爲秦統一中國以前,戰國以後,陰陽五行家託古之說。茲既已知其前提均不能成立,則其結論亦不足爲信。

第五節　有謂戰國末年晚出者

主此說者,可以今人錢穆、于省吾兩先生爲代表。賓四先生之言曰:

「《今文尚書》〈周書〉二十篇,大體皆史官記言之作,偶亦有記事記言錯雜相承者,要以記言爲主。故歷史相傳,皆言事爲《春秋》,

〔註69〕見屈萬里先生:《尚書釋義》。
〔註70〕據《漢書》顏師古《注》引。

言爲《尚書》。大體言之，似古代史體，記言發展在前，記事發展較後，而所謂記言者，亦僅摘記述當時某人對某事之所言大旨。似乎在史官載筆者之心中，尚未有如後世綴文造論之意想，必將所記之言，修翦鎔鑄，前後貫串，獨立爲篇，自成一文。必曰如是爲誥，如是爲誓，體裁各別。而其先固不如是，記言則僅是記言，此乃古人之樸，文運未興，篇章之觀念，胥有待於後起，則是在其時人觀念中，尚無有所謂文，更不論有所謂史也。……〈洪範〉乃戰國末年晚出僞書，古今人已多疑者。今專就其文體論，亦可證其爲僞而無疑矣。此篇前記武王問，下承箕子答，此與誓、誥、訓、命皆不類，可疑一也。且箕子之答，首即列舉九疇之綱，下乃逐目詳說，如此條理備密，早非當時說話之記錄，而成爲一篇特撰之文章矣。然則豈箕子退而爲文，而周之史臣錄而存之乎？抑當時史臣據箕子當時之對，而爲之整比條理以成此一篇乎？此篇開首惟十有三祀，王訪於箕子，僞孔《傳》：商曰祀，箕子稱祀，不忘本。孔穎達《正義》曰：此篇箕子所作。又曰：是箕子自作明矣。又曰：此經文旨，異於餘篇，非直問答而已。不是史官敘述，必是箕子既對武王之問，退而自撰其事。蓋就文體言，〈洪範〉之異於西周書其他諸篇，昔人早已知之。惟不敢徑斥其爲僞，此自是古今人讀書意識不同。今所以決知其僞者，當知有所問答，退而撰文，此等事，即下至孔子時，尚所未有。今就文學史演進之觀念言，知〈洪範〉決不爲箕子所自撰。而當時史官記言，其爲體亦決不如此。又《左傳》多引〈洪範〉，而稱〈商書〉，則在先秦時，本不列此篇於西周諸書間也。苟使有熟辨於文體之君子，就我上之所舉而兩兩比觀之，則〈洪範〉之爲晚出僞書，正可專就此一端而定爾。」〔註71〕

按：錢先生嘗以「思想線索」之論證法，證明《老子》成書在《論語》後，〔註72〕此則由文體考定〈洪範〉非周初之作；「思想線索」之論證法過於冒險，〔註73〕文體之考定亦難免爲成見所蔽。昔梁任公辨《牟子理

〔註71〕見錢穆：〈西周書文體辨〉，《新亞學報》第三卷第一期。

〔註72〕載《燕京學報》第七期。

〔註73〕胡適云：「思想線索是最不易捉摸的。如王充在一千八百多年前，已有了很有力的無鬼之論；而一千八百年來，信有鬼論者何其多也！如荀卿已說『天行有常，不爲堯存，不爲桀亡』，而西漢的儒家大師斤斤爭說災異，舉世風靡，

惑論》爲僞書，亦嘗就文體立論，梁氏曰：

「此書文體，一望而知爲兩晉、六朝鄉曲人不善屬文者所作，漢賢
決無此手筆，稍明文章流別者自能辨之。」〔註74〕

然《牟子》一書，已經胡適、周叔迦兩先生考證爲漢末作品無訛，〔註75〕由
是可見學者以文體爲考證之標準，稍一不愼，即可獲致謬戾之結論。以錢穆
先生所疑數點爲例：「此篇前記武王問，下承箕子答，此與誓、誥、訓、命皆
不類」，此誠然，然典、謨、誓、誥、訓、命六體者，乃孔安國氏所分，初本
無甚意義，其後孔穎達氏又增貢、征、歌、範四體，合爲十體，〔註76〕此亦
無甚意義，然吾人既可云〈洪範〉與誓、誥、訓、命皆不類，何嘗不可云〈洪
範〉屬十體之範類？「今所以決知其爲僞者，當知有所問答，退而撰文，此
等事，即下至孔子時，尚所未有」，賓四先生此言必待孔子之前無「有所問答，
退而撰文」之事已經證明，然後可以成立。曩昔馮友蘭氏以「孔子以前無私
人著述之事」，證明《老子》一書出於孔子後，〔註77〕胡適詰之云：「（馮友蘭
所提之證據爲「丐辭」）你若承認孔子以前果然無私人著述之事，自然不能不
承認《老子》書是晚出的了。但是馮先生應該先證明《老子》確是出於孔子
之後，然後可以得『孔子以前無私人著述』的前提。不然我就可以說：『孔子
以前私人無著述，《老子》之書是什麼呢？』」〔註78〕「『孔子以前，無私人著
述之事』，此通則有何根據？當孔子生三歲時，叔孫豹已有三不朽之論，其中
『立言』已爲三不朽之一了。他並且明說『魯有先大夫曰臧文仲，既沒，其
言立』，難道其時的立言都是口說傳授嗎？孔子自己所引，如周任之類，難道
都是口說而已？至於鄧析之書，雖不是今之傳本，豈非私人所作？故我以爲
這一說殊不足用作根據。」〔註79〕胡適之語亦可用之以詰錢先生：「錢先生應

不以爲妄。又如《詩經》的小序，經宋儒的攻擊，久已失其信用；而幾百年
以後的清朝經學大師又都信奉毛《傳》及《序》，不復懷疑。這種史事，以思
想線索來看，豈不都是奇事？」〈評論近人考據老子年代的方法〉，《胡適文存》
第四集卷一。

〔註74〕見梁任公：〈佛教之初輸入・附錄〉。（《飲冰室全集》）。
〔註75〕周叔迦《牟子叢殘》、胡適〈論牟子書〉（北平圖書館館刊五卷四號）、〈論牟
　　　子理惑論〉（《胡適文存》第四集卷二）已證《牟子》確出漢末。
〔註76〕見唐孔穎達：《尚書正義》卷前〈尚書序〉。
〔註77〕見馮友蘭：《中國哲學史》第八章〈老子及道家中之老學〉。
〔註78〕見胡適：〈評論近人考據老子年代的方法〉，《胡適文存》第四集卷一。
〔註79〕見胡適：〈致馮友蘭書〉，《胡適文存》第四集卷一。

先證明洪範乃戰國晚出者，然後可以得『有所問答，退而撰文，此等事，即下至孔子時，尚所未有』之前提。否則吾人可以反問：『孔子之前無退而撰文事，然則〈洪範〉爲何？』」邏輯學上有所謂「自找前題之謬誤」（Petitio Principii），英文名曰「丐題」（begging the question），此種謬誤係先作結論，後找前題，〔註 80〕馮氏之證《老子》晚出，錢先生之證〈洪範〉爲僞，均犯此謬誤，先丐求吾人承認其前提，而後其結論自然成立，然吾人一究其前提之所自來，則其結論不免動搖矣。今使錢先生蒐齊諸證，考定「有所問答，退而撰文，此等事，即下至孔子時，尚所未有」，亦不能以證明〈洪範〉爲僞，何則？〈洪範〉記武王與箕子對話，乃由史官執筆，復經傳承者之整理，本非箕子自撰也。〔註 81〕至若錢先生因《左傳》多引〈洪範〉，而稱〈商書〉，乃以爲先秦本不列此篇於西周諸書間，此說大致無訛，然亦無助於其結論，蓋〈洪範〉若繫於〈商書〉，則距戰國末年愈遠，何能作爲其說之佐證？全祖望《經史問答》：「問：《左傳》引〈洪範〉爲〈商書〉，何也？答：是蓋殷之遺民所稱，而後人因之者。蓋曰惟十有三祀，則雖以爲〈商書〉可也。」孔穎達《尚書正義》：「此篇箕子所作，箕子商人，故記傳引此篇者，皆云〈商書〉。」日人竹添光鴻《左傳會箋》：「箋曰：〈成六年〉、〈襄三年〉皆引〈洪範〉爲〈商書〉，以箕子所傳故也。杜云『今謂之〈周書〉』，則《今文尚書》既作〈周書〉，蓋伏生以其爲武王所說，改爲〈周書〉耳。」綜觀上述之說，可知〈洪範〉繫於〈商書〉或〈周書〉，均無損其作於西周之初之說，錢先生以之爲論據，當亦無效。

　　錢先生之外，近人于省吾先生亦以〈洪範〉出於戰國之末，其言曰：

「按〈洪範〉乃晚周人所作，決非西周之文。此數語頗古質（按：指『彊弗友剛克，燮友柔克；沈潛剛克，高明柔克』句）當係雜采舊籍而成。他如『王乃言曰』、『箕子乃言曰』、『鯀則殛死，禹乃嗣興，天乃錫禹』、『五者來備，各以其敘，庶草蕃廡』、『歲月日時無易』、『日月歲時既易』、『日月之行，則有冬有夏；月之從星，則以風雨』，句法最爲俗穉。至『俊民用章，家用平康』，乃襲〈堯典〉

〔註 80〕參見伊文‧柯比（Irving M. Copi）著，張身華譯：《邏輯概論》（*Introduction To Logic*）。

〔註 81〕《漢志》：「左史記言，右史記事，事爲《春秋》，言爲《尚書》。」《禮記‧玉藻》：「動則左史書之，言則右史書之。」吳澄《書纂言‧序》：「《書》者，史之所記錄也。」此皆以《書》出自史官之手。

平章百姓之語而成。『是訓是行，以近天子之光。曰，天子作民父母，以爲天下王』、『是之謂大同，身其康彊，子孫其逢』，都用韻語，又雜采黃老之言而成者也。」〔註82〕

按：民國以來，疑〈洪範〉非作於西周之初者多矣，而眾學者之中，其說最難以服人者，或許當屬于省吾氏。「彊弗友剛克，爕友柔克……」數語頗古質，此無可置喙，于氏先已認定〈洪範〉爲僞（按：于氏在考定此數語前，已先以〈洪範〉「恭作肅，從作乂，明作哲，聰作謀，睿作聖」等語，乃襲《詩‧小雅》而來，故而推定〈洪範〉成於晚周，然此說本編第三節業已駁斥），不得已而云：「（此數語）當係雜采舊籍而成」，然又未能言明采自何舊籍，此種「想當然耳」之辭何以服人？于氏又以爲「王乃言曰」、「歲月日時無易」……數語句法最爲俗稺，試問此數語何由見其俗稺？而又何由因其俗稺而認定〈洪範〉出於晚周？于氏又以爲「俊民用章，家用王康」乃襲〈堯典〉平章百姓之語而成，此非聯想力豐富過人，即是有意詆娸，否則任何人不至以〈洪範〉此語與〈堯典〉「九族既睦，平章百姓」牽連一處，而以爲其中有抄襲之關係。至若〈洪範〉有數句用韻，此亦自然，除非于氏能證明周初之人撰文決不用韻語，（實則于氏勢必無有實證）否則此前提無效。于氏又以爲用韻數句乃雜采黃老之言而成，此誠不可理喻，大同思想若源自黃老，則《禮記‧禮運》所述孔子天下爲公一段，豈亦采自黃老耶？是其不可通者。總之，于氏數條論據無不以私意度之，並無實證可求，故其說實不能成立。

第六節　結　語

《尚書》中的〈洪範〉，《史》、《漢》、僞孔等均以之爲西周初年作品，遜清以前，學者皆無異議。民國以來，始有疑其非西周之文者，然其持論無不失之牽強，而難以成立，此則本編前已一一加以論難，茲不贅述。然則〈洪範〉究成於何時耶？新說既不足憑信，舊說是否亦有待商榷、修正？眾說紛紜中，筆者以爲今人徐復觀先生之說最爲完整，亦較近情實。徐先生之言曰：

「這二十八篇東西（按：指《今文尚書》二十八篇），在文獻上我認

爲可分作三類。第一類是開始並無原始文獻，而只有許多口頭傳說；
這些傳說，到了文化發展到更高的階段時，即由史官加以整理、編
纂，把口傳的材料，寫成文字的材料。希臘荷馬有名的敘事詩《伊
里阿特》（Iliad）和《奧德塞》（Odysseia），實際也是由口傳的故事，
組織而成。《尚書》中的〈堯典〉、〈皋陶謨〉、〈禹貢〉，當屬於這一
類。……《尚書》中第二類的材料，爲將原典重加整理過的材料。
此種材料，原有眞實文獻存在；但經過若干年後，尤其是經過了改
朝換代以後，有人重新加以整理，以便於流傳閱讀。在整理時，不
免把原文加以今譯，因而雜有整理時的名詞、口吻、氣氛；但對於
原有的底子並未加以改變。今日《尚書》中的〈甘誓〉、〈湯誓〉、〈高
宗肜日〉、〈西伯戡黎〉、〈微子〉、〈洪範〉等皆是。而負責整理的人，
有三種可能：〈甘誓〉、〈湯誓〉等，代遠年湮，且夏殷亡而周繼，可
能是由西周的史臣所整理的。〈洪範〉是古代王者所積累的政治法
典，可以說是要作爲政治教材之用的，因此，它經過了箕子及周室
的兩重整理。又其次是由於傳承的學者所作的小整理。凡是經儒家
系統及《墨子》引用過的《詩》與《書》，幾乎都有字句的出入；而
屬於儒家系統的，文句都較爲順暢，這即說明儒家系統對文字的整
理工作做得比較多。第三類是傳承下來的原始資料；〈商書〉中的《盤
庚》及〈周書〉，大體是屬於這一類。……」〔註83〕

按：吾人反復吟玩《尚書》經文，可知徐先生之言頗得其實。且《尚書》
之流傳本極不易，以有秦火之禍也。漢初之得《尚書》，或來自壁藏，
或由於口傳，〔註84〕因有古今文之分與口授之誤，而漢後作注者，間
或私以己意刪改原文，則今人因經之一字一句而推論其時代，失之枘
鑿亦可想見。此外，先秦典籍引《書》者比比皆是，〔註85〕是則〈洪
範〉之問世當早於戰國初年甚多，且已異常風行，否則不易爲籍所引

〔註83〕引文見徐復觀先生：〈陰陽五行觀念之演變及若干有關文獻的成立時代與解
　　　釋的問題〉，原載《民主評論》第十二卷十九期，現收入臺灣商務印書館出版
　　　《中國人性論史》一書中。
〔註84〕見本編本章第四節最末按語引《史記‧儒林傳》及衛宏〈尚書序〉之言。
〔註85〕《左傳‧文公三年》、〈成公六年〉、〈襄公三年〉皆曾引〈洪範〉，《呂氏春秋‧
　　　貴公》、〈君守〉、〈士容〉，《韓非子‧有度》，《荀子‧修身》，《墨子‧兼愛》，
　　　《詩經‧小雅》亦皆有引〈洪範〉語。

用。〔註 86〕由是吾人可知，《史》、《漢》、僞孔、蔡《傳》……以〈洪範〉爲西周初年作品，說雖過簡，要無可非議，徐復觀先生之說可補其罅漏，蓋今之〈洪範〉與周府庫所藏之〈洪範〉，本有字句上之出入也。

〔註86〕墨子，戰國初年人也，既引〈洪範〉之語，可見〈洪範〉在戰國初年之前已先流佈。

第三章　〈洪範〉異文集證

　　《尙書》問世後，因其可供取資者極尠，故每爲後世典籍所徵引，唯其文辭多佶屈聱牙，[註1] 引者乃多以訓詁字與假借字代之，間或有淺人見古語之不可解，逕以己意刪改之，遂滋後人疑惑。清儒孫星衍《尙書今古文注疏》，精於研覈，人咸稱善，今即以之爲底本，考證〈洪範〉異文，並嘗試論定之。

〈洪範〉

　　按：《史記・宋微子世家》引作「〈鴻範〉」，其後《論衡・感虛》、《潛夫論・卜列》、《淮南子・脩務》高誘《注》引「〈洪範〉」並作「〈鴻範〉」，蓋古文作「洪」，今文作「鴻」。

王乃言曰：「嗚呼！箕子。惟天陰騭下民，相協厥居，我不知其彝倫攸敍。」

　　按：《史記》惟作維，騭作定，協作和，厥作其。[註2] 太史公蓋以詁訓字代之也。《漢書・五行志》引此文，「嗚呼」作「烏嘑」，「攸敍」作「逌敍」。「嗚呼」爲本無其字之假借字，[註3] 或作「烏嘑」、「烏呼」、「於

〔註 1〕 與〈周誥〉相較，〈堯典〉、〈臯陶謨〉諸篇文辭尚稱平易，然與後世文體相較，《今文尚書》二十八篇無不艱澀難懂也。是以王國維〈與友人論詩書中成語書〉云：「《詩》、《書》爲人人誦習之書，然於六藝中最難讀。以弟之愚闇，於《書》所不能解者殆十之五；於《詩》，亦十之一二。此非獨弟所不能解也，漢魏以來諸大師未嘗不強爲之說，然其說終不可通，以是知先儒亦不能解也。」（《觀堂集林》卷一）

〔註 2〕 見《史記・宋微子世家》。

〔註 3〕 假借可大別爲三類，無本字之假借爲第一類，詳見林尹著《文字學概說》第

呼」，其體不同，其用則一。攸、逌古通用。〔註4〕

箕子乃言曰：我聞在昔，鯀陻洪水，汩陳其五行。

按：陻，說文引作堙，段玉裁《古文尚書撰異》云：「《說文》十三篇土部
曰：『堙，塞也。從土，西聲。〈商書〉曰：鯀堙洪水。』又曰：『壺，
古文堙。』按古文堙字從古文西，蓋壁中古文如是。小篆易壺爲堙，
孔安國所讀如是。俗作陻，天寶《今文尚書》如是。〈玉篇〉土部曰：
『堙，於仁切。《書》曰：鯀堙洪水。孔安國曰：堙，塞也。』玉裁按：
據此則《尚書孔傳》本作堙，與《說文》合，衛包乃改爲陻，開寶中
又改《釋文》。」漢石經「陻」作「伊」，「洪」作「鴻」，「汩」作「曰」。
馮登府《石經補考》云：「陻、伊一音之轉，《中庸》『一戎衣』，《注》：
『衣爲殷，齊人讀殷如衣。』是古音通也。《史記》作『禹抑鴻水』，《孟
子》同。伊、抑亦聲之轉，《詩‧溱洧‧箋》云：『伊，因也。』《說文》
土部引作『鯀堙洪水』，陻字下不引《書》，《玉篇》土部引《書》亦作
堙，衛包改作陻，非矣。」又云：「鴻與洪古字通假」，又云：「曰即汩
之省，《漢‧五行志》作汩，是汩爲古文，曰爲今文。」〔註5〕兩氏之
言蓋得其實。

帝乃震怒，不畀〈洪範〉九疇，彝倫攸斁。

按：《史記‧宋微子世家》作「帝乃震怒，不從鴻範九等，常倫所斁」，除
「洪」作「鴻」係古同音通假之外，餘皆以詁訓字替代。又《史記》「斁」
子下，徐廣曰：「一作『釋』。」〔註6〕《說文》則引作「殬」，蓋「殬」
爲正字，斁、釋皆假借字也。〔註7〕

鯀則殛死，禹乃嗣興。

按：殛，釋文本又作「極」，段玉裁《古文尚書撰異》云：「作極者是也，

二篇第七節。唯「鳴」字不見於《說文》，乃據「烏」字所作之後起俗字。
〔註4〕段玉裁《古文尚書撰異》云：「逌即《說文》逌字」，《說文》：「逌，气行兒，
從弓，卤聲，讀若攸。」
〔註5〕見許東方主編：《石經叢刊初編》第二冊，《石經補考》卷一，信誼書局印行。
〔註6〕《史記》裴駰《集解》引。
〔註7〕說玉裁《古文尚書撰異》云：「《說文》四篇歺部曰：『殬，敗也，從歺，睪聲。
〈商書〉曰：彝倫攸殬。』玉裁按：作殬蓋壁中本也，鄭孔皆訓爲敗，則與
許合。」

今從之。《爾雅・釋言》、〈魏志・武帝・注〉、《詩》〈菀柳〉、〈閟宮〉《箋》
及《正義》皆可證。」段氏之言近是，蓋〈堯典〉記載「流共工于幽
州，放驩兜于崇山，竄三苗于三危，殛鯀于羽山；四罪而天下咸服」，
馬融解殛爲「誅也」，〔註8〕孫星衍釋誅爲「責譴之，非殺也」，〔註9〕
近人屈萬里先生採此說，以爲〈堯典〉述流放四凶事，〔註10〕而「殛」
字又有「放」意，〔註11〕故段氏之言或是。

次二曰敬用五事。

按：《漢書・五行志》、《孔光傳》皆引作「羞用五事」，江聲《尚書集注音疏》：
「羞當爲苟，攴文苟字作苟，與羞相似，故誤也。」段玉裁《古文尚書
撰異》云：「按作敬者，《古文尚書》也；作羞者，《今文尚書》也。班氏
羞訓進，今文家說也。古文敬字从古文苟，與羞皆从羊。《詩・小雅・小
旻》鄭《箋》云：『欲王敬用五事』，此《古文尚書》也。」段氏之說實
不如江氏得當，蓋羞字本爲苟之譌。苟者，苟之古文，〔註12〕《說文》：
「苟，自急敕也」，義同敬，聲母亦同，〔註13〕故知苟爲敬之初文，以
古文从羊，形近羞，故致訛誤。

次四曰協用五紀。

按：《漢書・五行志》引作「叶用五紀」，應劭曰：「叶，合也。合成五行，
爲之條紀也。」顏師古曰：「叶讀曰協，和也。」〔註14〕段玉裁《古文
尚書撰異》駁顏說曰：「據《說文》，叶、協皆古文協字，小顏《注》
云叶讀曰協，小顏不知漢人作注言讀爲、讀曰者皆是易其字，而妄效
之。下文言艾讀乂則可，此但當云叶同協。」段氏之說是，說文叶、
協俱爲協之古文。〔註15〕

〔註 8〕馬《注》見《史記集解》。
〔註 9〕見孫星衍：《尚書今古文注疏》。
〔註 10〕見屈萬里先生：《尚書釋義》。
〔註 11〕《儀禮・大射儀》：「小射正坐奠籌于物南，遂拂以巾，取決興；贊設決、朱
極三。」鄭《注》：「極猶放也。」
〔註 12〕見《說文》苟部。
〔註 13〕苟、敬同屬見紐。
〔註 14〕見《漢書》顏師古《注》。
〔註 15〕見《說文》曰部、口部。

次五曰建用皇極。

按：《尚書大傳‧洪範五行傳》言「爰用五事，建用王極」，鄭《注》：「王極或皆爲皇極」，其說是，漢石經、漢王君碑、韓勑碑俱作皇極可證。

次六曰乂用三德。

按：《漢書‧五行志》、漢石碑俱引作「艾用三德」。應劭曰：「艾，治也。治大中之道用三德也。」顏師古曰：「艾讀曰乂」。〔註16〕考《說文》艸部艾字云：「冰台也，從艸，乂聲。」是乃草名，與治之意無關。丿部乂字下云：「芟艸也，從丿從乀相交。」亦與治之意無關。說文訓治之字惟卷九辟部嬖字，云：「治也，從辟，乂聲。《虞書》曰：有能俾嬖。」可知訓治之正字應爲「嬖」，後省作「乂」，或通作「艾」字爲之，〔註17〕魏晉以來，乂行而嬖遂廢矣。

次九曰嚮用五福，威用六極。

按：嚮，《漢書‧谷永傳》引作「饗」，二字音同，古多通用，今字則作「饗」，意同享。段玉裁《古文尚書撰異》云：「嚮富作鄉，經典向背子袛作鄉，絕少作嚮者。嚮字雖見於漢碑，然其字上下二體皆諧聲也，疑漢之俗字。此傳云嚮勸，義取歸向。」此說恐未諦，茲不取。威，《史記‧宋微子世家》、《漢書‧五行傳》皆作「畏」，二字聲同義通，〔註18〕馬班殆以詁訓字代之。

一、五行……二、五事……。三、八政……。四、五紀……。五、皇極……。六、三德……。七、稽疑……。八、庶徵……。九、五福……。

按：《史記‧宋微子世家》引經無一至九九字。《漢書‧谷永傳》永對策引此篇「皇極，皇建其有極」，無「五」字；〈五行志〉引五行、五事亦無「一」、「二」兩字。漢石經三德上無「六」字。劉逢祿《尚書今古文集解》云：「蓋今文九章，無「一」至「九」九字，古文有之。」其說或是，唯孔壁《尚書》已亡，無以證成其說矣。

思曰睿。

〔註16〕見《漢書》顏師古《注》。

〔註17〕辟、艾同音通假。

〔註18〕《釋名‧釋言語》：「威，畏也，可畏懼也。」

按:《尚書大傳》作「思曰容」,《漢書・五行志》作「思曰睿」,段玉裁《古
文尚撰異》云:「《古文尚書》思曰睿,《今文尚書》作思心曰容」,思
心為思之壞體固不待證,而「容」、「睿」皆為「睿」之誤。睿乃叡之
古文,乃深明之意(說見《說文》),因形近而誤為「睿」、「容」也。
錢大昕《十駕齋養新錄》云:「古本〈洪範〉皆為容字,今《漢書》刊
本作睿,蓋淺人所改,幸其說尚存,與董說相印證,可見西京諸儒,
傳授有自,許叔重《說文》:『思,容也。』亦用伏董說。」此說不可
從,段玉裁駁之曰:「《說文》十篇:『思,容也,从心,囟聲。』同時
錢辛楣少詹事亦舉為睿作容之證。玉裁按:容乃睿之字誤,不得因伏、
董、劉、班說〈洪範〉作思心曰容,而謂許同也。許此乃訓字,而非
訓《尚書》也。」又曰:「睿、睿本非一字,《集韻》去聲十三祭云:『叡
古作睿、睿。』此正沿小顏《漢書》之誤。」〔註19〕王鳴盛《尚書後
案》曰:「睿,〈五行志〉作容,而釋之云『寬也』,班孟堅又引《論語・
八佾篇》孔子之言寬,以解此經睿字之義為寬大包容。《春秋繁露》則
直作容,而釋之云:『容者,言無不容。』然鄭于此經仍作睿,訓通。
伏生《五行傳》作容,而鄭《注》云:『容,富為睿,通也。』考其實,
古文睿與容相似而誤也。居上固主于寬,然容者或有未睿,而真睿必
無不容,鄭義不可易也。」段、王二氏之說蓋得其實。

從作乂,明作哲,聰作謀,睿作聖。

按:「乂」字,《史記・宋微子世家》引作「治」,《漢書・五行志》引作「艾」,
前者用訓詁字,後者用通用字也,說已見前。「哲」字,《史記・宋微
子世家》引作「智」,《漢書・五行志》引作「悊」,偽《孔本》作「哲」。
考《說文》口部「哲」字下注曰:「知也,从口,折聲。」日部「晢」
字下注曰:「昭晰,明也,从日,折聲。」心部「悊」字下注曰:「敬
也,从心,折聲。」三字各有其本義,然因俱从折得聲,故古多相假。
太史公係以訓詁字代本字,則其所見〈洪範〉,字應作「哲」。鄭玄云:
「君視明,則臣照哲。」〔註20〕則其所見〈洪範〉,字應作「哲」,王
肅云:「悊,智也」,〔註21〕同孟堅所引,然釋作智,則是哲字之假借。

〔註19〕見段玉裁:《古文尚書撰異》,《皇清經解》,卷580。
〔註20〕《尚書》孔《疏》引。
〔註21〕同註20。

要之，「哲」與「晢」當係今文、古文之異，而由其文意觀之，作「哲」，作「晢」均可通。「睿」字，《漢書・五行志》引作「叡」，說已見前。

凡厥庶民，無有淫朋，人無有比德，惟皇作極。

按：《史記・宋微子世家》「無」作「毋」，「惟」作「維」，太史公引《書》概以詁訓字爲之，故與經文有出入也。無、毋；惟、維，皆同音通叚。

不協于極，不罹于咎；皇則受之。

按：《史記・宋微子世家》引作「不協于極，不難于咎」。《尚書大傳》作「不叶于極，不麗于咎」。宋王應麟《困學紀聞》云：「叶，古文協，離者麗也，故《大傳》作麗，〈宋世家〉作離，一也。〈宋世家〉與《古文尚書》同。」王氏謂〈宋世家〉與《古文尚書》同，似無據。王鳴盛《尚書後案》：「罹作麗，《史記》作離，考罹本俗字，《說文》卷七下网都在新附中，不可入經，此字只當作離。《詩》『魚網之設，鴻則離之』、『有兔爰爰，雉離于羅』是也。《易・象傳》云：『離，麗也。』《周禮》以八辟麗邦法，《注》云：『麗，附也。』杜子春讀爲羅，然則離、麗、羅同也。《詩》又云：『逢此百罹』，而《釋文》云：『罹本又作離』，則罹乃後人妄改耳。」王氏以《說文》無罹字，即謂其不可入經，此未免高估《說文》之功用，除非能證明先秦所有之字，已爲《說文》所網羅，否則王說難以令人信服。考罹字《詩傳》解爲「憂也」，蓋是罹之本義，後假借作離，王氏以《詩》經後人妄改，恐倒置本末也。段玉裁《古文尚書撰異》云：「離之字，古音在歌部，轉音在支部，聖人以麗訓離，麗在支部，支、歌爲最近，而罹从网惟聲，惟在脂部，則與歌部相遠，陸氏曰：『離，馬力馳反。』此明馬季長釋爲分離，謂不合于極，不離于咎也。力馳反在支部，又來多反在歌部，〔註22〕不違古音。自孔《傳》云：『雖不合于中，而不離于咎。』始訓爲不陷於惡，而衛包因改爲罹字，此亦讀《詩》者改逢此百離爲百罹也。……又按罹字蓋羅之或體，維、惟古通用，離古音羅，故離、羅通用，而後人區別太多，失其古義、古音，乃罕知罹即羅矣。」段氏古音之造詣有「入室」之譽，〔註23〕此則不免有其疏漏，蓋維、惟古誠通用，

〔註22〕《釋文》：「罹，馬力馳反，又來多反。」
〔註23〕江有誥《音學十書・古韵凡例》：「段氏始知古音之絕不同今音，故得十七部，

其本義却迴然不同，《說文》：「惟，凡思也。」「維，車蓋維也。」罹从惟，故《詩傳》解爲「憂也」，或是其本義，段氏以罹爲羅之或體，恐非是。

無虐煢獨，而畏高明。

按：「無虐煢獨」，《史記·宋微子世家》引作「毋侮鰥寡」，《大傳》作「毋侮矜寡」，《列女傳》引同。馬融所見本「無虐」亦作「毋侮」。〔註24〕史公向以詁訓字代經文，故四字全異不足爲奇，《大傳》本亦然，則或係張生、歐陽生錄伏生遺說時，即已作「毋侮矜寡」四字，易言之，「無虐煢獨」古文也，「毋侮矜寡」今文也。

人之有能有爲，使羞其行，而邦其昌。

按：《史記·宋微子世家》，邦作「國」，「羞」字，漢李尤《靈台銘》作「脩」，《潛夫論·思賢篇》作「循」，王鳴盛《尚書後案》：「王符《潛夫論》卷二〈思賢篇〉引此經『人之有能』三句，羞作循，未詳。」段玉裁《古文尚書撰異》：「王符《潛夫論·思賢篇》云：『《書》曰：人之有能有爲，使循其行，國乃其昌。』王符所引羞作循，王鳳喈氏曰未詳。玉裁按：循蓋脩之誤，字之誤也；脩蓋羞之誤，聲之誤也。古書脩、循互譌者多矣。《古文尚書》邦字，《今文尚書》多作國。」屈萬里先生《尚書釋義》：「脩循古多通用，順也。」段言古書脩、循互譌，屈言脩、循古多通用，實則此處脩、循俱羞之假借字也。〔註25〕

凡厥正人，既富方穀，汝弗能使有好于而家，時人斯其辜。于其無好德，汝雖錫之福，其作汝用咎。

按：《史記·宋微子世家》，「汝」作「女」，「弗」作「不」，「無」作「毋」，好下無「德」字。太史公以訓詁字代經文，故「汝」作「女」，「弗」作「不」，「無」作「毋」均可理解，至若好下無「德」字，孫星衍《尚書今古文注疏》云：「史公無德字者，好與咎爲韻，鄭本並無，是後人

古韵一事至今幾如麗日中天矣，取而譬之，吳才老古音之先遵也。陳季立得其門而入也，顧氏、江氏則升堂矣，段氏則入室矣。」可謂推崇備至。

〔註24〕見《經典釋文》。
〔註25〕古同音可通假，脩、羞同爲心紐幽攝，循爲邪紐，古邪紐歸入心紐。說見黎建寰：《尚書周書考釋》，臺灣師範大學國文研究所1975年博士論文。

妄增德字也。鄭《注》見《史記集解》，亦無德字。」王鳴盛《尚書後案》云：「鄭云『無好于汝家之人』者，蓋《史記》本無德字，《鄭本》亦無德字，而以于其無好女爲句。」又曰：「僞《傳》妄增德字，改易鄭義，《疏》曲附之，皆非也。」王念孫《讀書雜志》云：「于其無好句絕，與下用咎爲韻。」王引之《經義述聞》云：「家大人曰：『經文好下本無德字，且好字讀上聲，不讀去聲。』《史記‧宋世家》『于其毋好，女雖錫之福，其作女用咎』，《集解》引鄭氏《尚書注》曰：『無好于女家之人，雖錫之以爵祿，其動作爲女用惡。』鄭讀于其無好女爲句，非也。然據此知好下本無德字，蓋無好二字，即承上弗能使有好而言，非有二義也。」段玉裁《古文尚書撰異》云：「《史記》用《今文尚書》，鄭注《古文尚書》，好下皆無德字，孔本經亦無之，而孔《傳》有之，因或增入經文。」以上各家之言俱得其實，有好與無好相對，上文有好既無德字，下文無好之下理應亦無德字。驗之漢石經復原圖，今文亦應無德字，僞孔本有德字者，蓋涉上文「予攸好德」而誤也。

無偏無陂，遵王之義。

按：《呂氏春秋‧貴公篇》引作「無偏無頗，遵王之義」，《史記‧宋微子世家》作「毋偏毋頗，遵王之義」。此外，王符《潛夫論‧釋難篇》陂亦作頗，唐虞世南《北堂書鈔》卷三十七引陂亦作頗。陸德明《經典釋文》：「陂音祕，舊本作頗，音普多反。」舊本作頗，今本作陂者，唐玄宗所詔改也。唐玄宗開元十三年敕曰：「朕聽政之暇，乙夜觀書，每讀《尚書‧洪範》，至『無偏無頗，遵王之義』，三復茲言，常有所疑。據其下文，並皆協韵，惟『頗』一文，實則不倫。又《周易‧泰卦》中『無平不陂』，《釋文》云：『陂字亦有頗音』，陂之與頗，訓詁無別，其《尚書‧洪範》『無偏無頗』字，宜改爲『陂』。」〔註26〕考「頗」、「義」之中古音確迥然不同，前者在《廣韻》去聲第三十九過韻，音普過切；後者在《廣韻》去聲第五寘韻，音宜寄切，唯「時有古今，地有南北，字有更革，音有轉移」，〔註27〕「頗」、「義」兩字在中古雖不同韻，然在上古則同屬歌部。「頗」從頁，皮聲，「義」從羊，我聲；

〔註26〕引文見顧炎武：〈答李子德書〉，又《唐會要》卷七十七亦載此事，唯明載日期爲開元十四年八月十四日耳。

〔註27〕引文見陳第：《毛詩古音考‧序》。

「皮」、「我」兩字上古同屬歐部，從其得聲者亦然。《詩·陳風·澤陂》首章：「彼澤之陂，有蒲與荷。有美一人，傷如之何。寤寐無為，涕泗滂沱。」即以「陂」與「荷」、「何」、「為」、「沱」協韻，由是可知，唐玄宗改「頗」為「陂」，實多此一舉也。〔註28〕

無偏無黨，王道蕩蕩；無黨無偏，王道平平。

按：《史記·宋微子世家》除「無」作「毋」外，餘字不變。《張釋之馮唐列傳》贊，太史公引《書》曰：「不偏不黨，王道蕩蕩；不黨不偏，王道便便。」徐廣曰：「便一作『辨』」〔註29〕清儒惠棟釋〈堯典〉「平章百姓」之平字云：「平章百姓，《史記》作便章，《尚書大傳》作辨章。案下文平秩字，伏生作便，鄭玄作辯。《說文》曰：『采，辨別也。讀若辨。』古文作平，與平字相似。于部云：『古文平作采』，孔氏襲古文，誤以采為平，訓為平和，失之。」〔註30〕其後學者多承其說，以為〈洪範〉之「平平」亦係「采采」之誤，江聲《尚書集注音疏》且逕改〈洪範〉之「平平」為「采采」，《注》云：「采采，辦治也。」《疏》云：「云采采辦治也者，《毛詩·采卡傳》誼也。案今《毛詩》云『平平左右』，《釋文》以為《韓詩》作便便，則與《史記》引此作王道便便正同。然則今《詩》作平平，與《尚書》采誤為平亦正同。」王鳴盛《尚書後案》：「平平當作采采，皮見反，平聲則皮延反也。采與平相似易譌。」又云：「知此亦是采誤為平者，《史記·張釋之馮唐列傳》贊引此作王道便便，徐廣云：『一作辨』，是則與〈堯典〉平章、平秩等。偽《孔本》作平，《鄭本》作辨，《史記》引作便者同，以相比況，知此亦當作采也。」陳喬樅《今文尚書經說考》云：「按據此引《書》作便便，則〈宋世家〉載〈洪範〉文當作便便，其作平平者，乃後傳寫改之耳。徐廣《史記音義》云：『便一作辨』，蓋古文便作采，與平字相似，後人多誤改為平字。」惠、江、王、陳等人以〈洪範〉「平平」為「采采」之誤，其說恐非是。《史記·張釋之馮唐列傳》引經作「便便」，此為諸學者之力證，然《史記》引經多以詁訓字或假借字代之，前舉實例已多，是則吾人又焉能據《史記》改經

〔註28〕唐玄宗之妄改古文，清儒惠棟、錢大昕、李惇、王鳴盛、段玉裁、阮元俱已斥其謬誤。
〔註29〕見《史記集解》。
〔註30〕見惠棟：《九經古義》。

乎？且《史記‧宋世家》引此亦作「平平」，足證太史公所見本亦作「平平」，陳喬樅以爲〈宋世家〉乃後傳寫改之，此係「想當然耳」之辭，不足憑信。再者，先秦典籍引此章者，唯《墨子‧兼愛下》一見，然亦作「平平」，是又可爲〈洪範〉「平平」非「釆釆」之一證。此外，以義言之，「無黨無偏，王道平平」，「平平」作平易解。〔註31〕則全句頗爲順暢。若依江聲之說，解爲「辨治」，則始終覺其扞格，故仍以不改原文爲宜。以韻考之，則如王引之《經義述聞》所云：「《說文》諞字讀若苹，則無黨無偏正可與平字爲韻。」總之，此章「平平」兩字應無誤，諸儒之疑恐失之也。

曰，皇極之敷言，是彝是訓，于帝其訓。

按：《史記‧宋微子世家》引作「王極之傅言，是夷是訓，于帝其順」。江聲《尚書集注音疏》：「篇中皇極字，《大傳》作王極，《史記》則皆作皇極，而惟此一處作王極，則此王極不與上皇極同，且據馬《注》，王不屬極爲誼，則固微有異，此當從《史記》作王，僞《孔本》概作皇極，非也。順，僞《孔本》作訓，《史記》作順，據馬《注》則《馬本》亦作順，案《史記》及《馬本》皆本孔氏古文，今从之。」段玉裁《古文尚書撰異》：「皇，〈宋世家〉作王，《集解》引馬融曰：『王者當盡極行之，使臣下布陳其言。』下文凡厥庶民，極之敷言，馬融曰：『亦盡極敷陳其言於上也』，按此以王極之敷言，庶民極之敷言對文，視孔《傳》爲長。〈洪範五行傳〉：『王之不極，是謂不建』，鄭《注》：『王，君也。』王，君出政之號也。《今文尚書》皇極字本皆作王，訓君，不訓君則不得云王之不極。」金文皇字有盛大光美義（見本編第四章〈洪範集釋〉），又驗之《說文》：「皇，大也（段《注》：見《詩‧毛傳》），从自王。」則此處「皇極」之皇字確以作「王」字較長。至於《史記》「敷」作「傅」，乃用假借字。「彝」作「夷」，乃用詁訓字。〔註32〕「訓」作「順」者，乃用引申字。〔註33〕

〔註31〕 屈萬里《尚書釋義》即解「平平」爲「平易」。

〔註32〕 《周禮‧春官‧注》：「彝，法也。」《史記》作「夷」，與「彝」音義同（見《詩‧瞻卬‧疏》）。

〔註33〕 《說文》：「訓，說教也。从言，川聲。」段《注》：「說教者，說釋而教之，必順其理，引伸之，凡訓皆曰順，如五品不訓，聞六律、五聲、八音、七始，訓以出內五言是也。」

不康正直，弗友剛克，燮友柔克。

　　按：《史記・宋微子世家》「燮」作「內」。段玉裁《古文尚書撰異》：「玉裁
　　　案：古內入通用。入燮同部，此《今文尚書》作內也。」入字，《廣韻》
　　　音人執切，今在「日」紐，然今音「娘」、「日」二紐古歸泥紐，〔註34〕
　　　故古內入可通用。段又云「入燮同部」者，考《說文》段《注》，入音
　　　人汁切，古音在第七部；燮音蘇叶切，古音在第八部，與《撰異》之
　　　說微異，然古七部、八部之音同在一類，〔註35〕亦得正轉也。〔註36〕
　　　古內入通用，而入燮音又同在一類，以是知《史記》「燮」作「內」者，
　　　亦用假借字也。

沈潛剛克，高明柔克。

　　按：《春秋左傳・文五年》：「甯嬴曰：〈商書〉曰：『沈漸剛克，高明柔克。』」
　　　《史記・宋微子世家》引此亦作「沈漸剛克」，段玉裁《古文尚書撰異》
　　　云：「《漢書・谷永傳》曰：『忘湛漸之義』，湛漸即沈潛也，蓋《今文
　　　尚書》作漸，與《左氏》合。」段氏謂「湛漸即沈潛」者是，《說文》：
　　　「湛，沒也。从水，甚聲。」「沈，陵上高水也。从水，尤聲。」段《注》：
　　　「謂陵上雨積停潦也，古多叚借爲湛沒之湛，如〈小雅〉『載沈載浮』
　　　是；又或借爲瀋字，〈檀弓〉『爲楡沈』是也。」且「湛」、「沈」古音
　　　一在七部，一在八部，音最近，可通假。又，「潛」古音在第七部，「漸」
　　　古音在第八部，史遷「潛」作「漸」者，亦用假借字也。

〔註34〕章太炎先生《國故論衡》證古音「娘」「日」二紐歸「泥」說，已成定論。
〔註35〕段氏《六書音均表》分古韻爲六類十七部，其第三類包括第六部：茂、登；
　　　第七部：侵、鹽、添，入聲緝、葉、帖；第八部：覃、談、咸、銜、嚴、凡，
　　　入聲合、盍、洽、狎、業、乏。
〔註36〕清儒戴震分配韻部之法，有所謂正轉、旁轉二例。其言曰：「其正轉之法有三：
　　　一爲轉而不出其類，脂轉皆，之轉咍，支轉佳是也。一爲相配互轉，眞、文、
　　　魂、先轉脂，微、灰、齊，換轉泰，咍、海轉登、等，侯轉東，厚轉講，模
　　　轉歌是也。一爲聯貫遞轉，蒸、登轉東，之、咍轉尤，職、慝轉屋，東、冬
　　　轉江，尤、幽轉蕭，屋、燭轉覺，陽、唐轉庚，藥轉錫，眞轉先，侵轉覃是
　　　也。以正轉知其相配及次序，而不以旁轉惑之，以正轉之同入相配，定其分
　　　合，不徒恃古人用韵爲證。僕之所見如此，蓋援古以證其合易明也，援古以
　　　證其分不易明也。」（〈答段若膺論韻書〉）今人陳新雄先生釋之云：「蓋正轉
　　　或同部相轉或同類共入相轉，或聯貫遞轉，無論同部或同類，皆轉而不出其
　　　類，即聯貫遞轉亦僅連比之類互相轉也。」（《古音學發微》第二章）

臣無有作福作威玉食；臣之有作福作威玉食，其害於而家，凶于而國。

　　按：漢石經「凶于而國」作「而凶於而國」，多一「而」字。《漢書‧楚元王傳》、〈王嘉傳〉、《後漢書‧張衡傳》，三引皆無「其」字。阮元〈尚書注疏校勘記〉卷十二：「按《漢書‧翟方進傳‧注》，師古引《周書洪範》云：『臣之有作福作威，迺凶於迺國，害於厥躬。』若非熹平石經，即唐初孔《傳》本如是。」馮登府《石經補考》云：「案《公羊傳‧成元年疏》引鄭《注》曰：『害於女家福去室，凶於女國亂下民』，是《鄭本》古文無而字，《史記‧宋世家》引亦無而字，今文有之。」段玉裁《古文尚書撰異》云：「《漢書‧楚元王傳》‧劉向上封事極諫曰：『臣之有作威作福，害于而家，凶于而國。』〈王嘉傳〉奏封事曰：『箕子戒武王曰：「臣亡有作威作福，亡有玉食；臣之有作威作福玉食，害于而家，凶于而國。……」』……《後漢書‧張衡傳》，衡上疏陳事引〈洪範〉曰：『臣有作威作福玉食，害于而家，凶于而國。』《戰國策‧齊策》高氏《注》引《書》曰：『无有作威作福』……皆先威後福，蓋《今文尚書》如是，若《古文尚書》則先福後威。《公羊‧疏》引鄭《注》『作福，專慶賞；作威，專刑罰』是也。惟《漢書‧武五子傳》，廣陵厲王胥錫策曰：『《書》云：「臣不作福，臣不作威。」』此先福後威，而師古《注》曰：『〈周書‧洪範〉云：「臣無有作威作福」』似唐初所據《古文尚書》亦有先威後福者，而策文引《今文尚書》乃檃括之詞，不嫌或異。」阮、馮、段諸儒皆以此章異文繫乎今古文之不同，雖或持之有故，言之成理，然《古文尚書》在永嘉之亂已盡亡，既無可對證，則諸儒之說亦僅可備參考耳。且段氏雖云《古文尚書》先福後威，亦不能不承認「似唐初所據《古文尚書》亦有先威後福者」，是則欲明今古文之異殊非易事，其所以如此者，或如段氏所云，「策文引今文尚書乃檃括之詞，不嫌或異」也。

人用側頗僻，民用僭忒。

　　按：《史記‧宋微子世家》、《漢書‧王嘉傳》、熹平石經俱作「辟」。《說文》：「辟，法也。從辛，節制其辠也；從口，用法者也。」「僻，辟也。從人，辟聲。」段《注》：「舟部：『般，辟也。』即旋辟、盤辟之謂。辟之言邊也，屏於一邊也，僻之本義如是。《廣韻》曰：『誤也，邪僻也。』此引伸之義，今義行而古義廢矣。」《說文》以法釋「辟」，恐係後起

義，驗之先秦典籍，《左傳·宣公二年》：「從台上彈入，而觀其辟丸也。」辟字今作「避」。《論語·季氏》：「友便辟，友善柔，友便佞，損矣。」辟字今作「僻」。〔註37〕《孟子·梁惠王上》：「欲辟土地，朝秦楚，莅中國，而撫四夷也。」辟字今作「闢」。又云：「苟無恒心，放辟邪侈，無不爲已。」辟字即今「僻」字。《中庸》：「君子之道，辟如行遠必自邇，辟如登高必自卑。」辟字今作「譬」。可見造字之初僅有「辟」字，其後由語言之孳生而加形，以資區別，〔註38〕故知《史》、《漢》及石經正用古字也。

曰雨，曰霽，曰蒙，曰驛，曰克，曰貞，曰悔。凡七，卜五，占用二，衍忒。

　按：《史記·宋微子世家》引作「曰雨，曰濟，曰涕，曰霧，曰克，曰貞，曰悔。凡七，卜五，占之用二，衍貣。」涕字下，裴駰《集解》曰：「《尚書》作『圛』。」司馬貞《索隱》：「涕音亦，《尚書》作『圛』。」霧字下，《集解》曰：「徐廣曰：『一曰「夷」，一曰「被」。』」《索隱》：「霧音蒙，然『蒙』與『霧』亦通。徐廣所見本『涕』作『夷』，『蒙』作『被』，義通而字變。」日瀧川龜太郎《考證》：「錢大昕曰：『《書》涕作驛，霧作蒙，又蒙在驛上，與此文異。』梁玉繩曰：『五兆之名，各本不同，如霽之爲濟，克之爲剋，字義並通，不足爲異，所可異者，今本〈洪範〉曰驛，《史》作涕，徐廣一作夷，《說文》及鄭氏《尚書注》、《詩·載驅·箋》、《周禮·太卜·注》，皆作圛。今本曰蒙，《史》作霧，徐一作被。鄭《尚書注》作雺，〈太卜·注〉作孟。考《詩·載驅·疏》云：「古文作悌，今文作圛。」賈逵以今文校之，定爲圛，鄭依賈所奏，然則《史》必作涕，史公從孔安國問，多得古文之說，故作悌也。《尚書後案》曰：「《說文》□部，圛從□，睪聲。《尚書》曰

〔註37〕此處依簡師宗梧文字學筆記。按：桂馥《說文義證》：「嬖，通作辟。」
〔註38〕因語言之孳生而加形，本爲形聲字產生之途徑之一，唐蘭《中國文字學》以爲由舊圖畫文字轉變至新形聲文字，經過之途徑有三，一曰「孳乳」，二曰「轉注」三曰「緟益」。所謂「緟益」也者，唐氏釋之云：「緟益的造字者，總是覺得原來文字不夠表達這個字音或字義，要特別加上一個符號。這些原來的文字，或許是圖畫的，或許就是形聲字，或許是由引申假借來的，實際上是很可以表達的，不過因爲時代的不同，人們思想的不齊，所以要有這種特別的緟益。」一言以蔽之，因語言之孳生而加幷也。

圍，圍，升雲半有半無，讀若驛，蓋古文作俤，太迂，故賈逵作圍。
許慎書稱孔氏，又考之于逵，其說宜從。偽孔乃因其讀若驛，而即改
爲驛，妄矣。其作涕者，篆立心與水相似，讀者誤從水，夷又因涕而
誤也。」再考霿與是一字，〔註39〕然當依鄭作霿爲定。鄭云：「霿聲近
蒙也。」《尚書後案》曰：「鄭讀若蒙。」而即改爲蒙，則非矣。今俗
刻《史記》誤霿爲霧。〔註40〕其作蕾者，音近而假借。』錢大昕曰：『被，
蓋孜之譌，即霿之省。』」惠棟《九經古義》：「驛，古文作俤，今文作
圍，鄭氏《齊詩箋》云：『《古文尚書》以俤爲圍。……《史記》作涕，
涕即俤也，古書篆字作立心，與水相近，讀者失之，故誤从水。』」段
玉裁《古文尚書撰異》：「各本《尚書》，曰驛在曰蒙之下，今移曰圍在
曰霿之上。」又曰：「天寶時，衛包改霿作蒙。」又曰：「圍，衛包改
爲驛，《經典釋文》大書圍字，開寶中李昉、陳鄂、周惟簡、扈蒙輩改
作驛，今更正。」又曰：「《今文尚書》作俤，《古文尚書》作圍。《今
文尚書》者，《史記‧宋世家》所載曰涕是也。《古文尚書》者，馬、
鄭、王及偽孔《傳》本皆作圍是也。」劉逢祿《尚書今古文集解》：「克，
〈太卜‧注〉作剋。悔，《說文》作𢘓，壁中本也，孔安國以今文讀爲
悔。」陳壽祺《左海經辨》：「鄭《箋》言《古文尚書》以弟爲圍者，
謂古文以弟字代圍字。凡漢人訓詁，直言某爲某者，上某乃今文，下
某乃古文。」章太炎〈太史公尚書〉說：「史公述〈鴻範〉以古文據《詩‧
箋》，古文本作弟，故孔安國以涕讀之，涕即今淚字，形氣與雨相類，
《說文》引作曰圍，《集解》所據《尚書》亦同，乃杜衛所改讀。」除
「霿」、「蒙」、「驛」三字問題最多外，「忒」字《史記》作「貣」，亦
當留意。江聲《尚書集注音疏》云：「貣字或作忒，俗又譌作匿，今《釋
名》從俗文矣。」王鳴盛《尚書後案》：「占下當有之字，忒當作貣，
卜五占之用句，二衍貣句，偽孔刪改其字，倒其次，又亂其句。」段
玉裁《古文尚書撰異》：「忒，〈宋世家〉作貣，古多叚借貣爲忒。」由
上可知，〈洪範〉經文以此節諸本互異最多，諸儒說亦最糾紛，今試爲
之論定如后。

〔註39〕據廣雅書局刻本，梁玉繩《史記志疑》當云：「再攷霧與霿、霿、霿是一字。」
〔註40〕「今俗刻《史記》誤霿爲霧」下，梁玉繩又曰：「《爾雅》誤霿爲霧，霧乃俗
字，《說文》所無。」在「其作蕾者，音近而假借」下，梁玉繩又曰：「作被
者，被古除賀反，音轉而譌也。」是則瀧川氏引梁說有不當之省略。

（一）「霽」字，《說文》云：「雨止也。从雨，齊聲。」《史記》作「濟」，乃用同音假借字也。

（二）「蒙」字，《說文》：「王女也。从艸，冡聲。」《史記》作「霧」，實則兩字皆非本字。《說文》：「霿，地氣發，天不應曰霿，从雨，敄聲。」是字本作「霿」。《鄭本》作「雺」者，乃籀文也。〔註41〕「雺」聲近「蒙」，故僞《孔本》作「蒙」者，「雺」之假借字也。《史記》作「霧」者，「霿」之後起字也。

（三）「驛」字，《說文》云：「置騎也。从馬，睪聲。」用於此節，頗覺不類，是其必假借字也。《史記》作「涕」，《說文》云：「涕，泣也。从水，弟聲。」段《注》：「按泣也二字當作目液也三字，轉寫之誤也。」用於此亦不類，是亦必借字無疑。鄭《本》作「圛」，《說文》云：「圛，回行也。从囗，睪聲。〈商書〉曰：『曰圛』，升雲半有半無。讀若驛。」是則「圛」或其本字也，存疑，俟考。「忒」字，《說文》云：「更也。从心。弋聲。」又「變」字下亦云：「更也」，可見「忒」字有變化之意，用於此節，文義正通。《史記》作「貣」者，《說文》云：「從人求物也。从貝，弋聲。」是「貣」即今「貸」字，《史記》以之代「忒」者，兩字均從弋得聲，同音通假也。

（四）《史記》「曰涕」在「曰霧」之上，依《周禮·太卜·注》，《集解》引《尚書》鄭《注》，《尚書正義》引王、鄭《注》，似《史記》之順序無誤。

（五）「占」與「用」之間，鄭本與《史記》皆多一「之」子，驗之漢石經復原圖，僞孔似脫一「之」字。唯馬融、王肅、僞孔、蔡傳俱以「卜五」句，「占用二」句，「衍忒」句，鄭玄以「卜五」句，「占用」句，「二衍忒」句，清儒王鳴盛從鄭說，孫星衍《尚書今古文注疏》則從馬、王說，今審諸文義，知馬、王、僞孔、蔡《傳》之斷句無誤也。〔註42〕

〔註41〕見《說文》十一篇下。
〔註42〕此節之文義詳本編第四章。

立時人作卜筮。

> 按：《史記‧宋微子世家》引作「立時人爲卜筮」。作，爲也。〔註43〕史遷以「爲」代「作」，正用訓詁字也。

汝則有大疑，謀及乃心，謀及卿士，謀及庶人，謀及卜筮。

> 按：《史記‧宋微子世家》，「乃」作「汝」，熹平石經，「謀」作「譲」，「人」作「民」。《說文》：「乃，曳詞之難也，象气之出難也。」段《注》：「乃、然、而、汝、若，一語之轉，故乃又訓汝也。」段說是，《廣韻》：「乃，語辭也，汝也。奴亥切。」「汝，尒也，亦水名。人渚切。」是「乃」今音在「泥」紐，「汝」在「日」紐也。然「日」紐古歸「泥」紐，〔註44〕段氏之說是也。《熹平石經》作「譲及庶民」者，馮登府《石經補考》云：「案《周禮‧鄉大夫》鄭《注》引此作『謀及庶民』，與石經合。且下連言『庶民』，而獨改此一字，何耶？或曰：民作人是衛包避太宗諱而改，其有不改者，後人校而易之耳。謀作譲是隸變，上謀及卿士同。」其說是。漢石經《尚書》爲小夏侯本〔註45〕其學出自伏生，乃《今文尚書》也。下文四言「庶民」，此作「庶人」，誤也。

身其康彊，子孫其逢，吉。

> 按：《史記‧宋微子世家》引此，「身」上、「子」上俱有「而」字。江聲《尚書集注音疏》：「僞《孔本》脫兩『而』字，茲從《史記》而增。」段玉裁《古文尚書撰異》：「〈宋世家〉『而身其康彊，而子孫其逢』，多兩『而』字，此《今文尚書》也。」陳喬樅《今文尚書經說考》：「案隸古定本《尚書》作『身其康彊，子孫其逢，吉』，據〈宋世家〉此二句上多兩『而』字，是《今文尚書》之本不同也。」是諸說皆以有「而」字爲《今文尚書》，無「而」字者爲《古文尚書》，此有可議者，以《史記》所據固爲今文，然其引文非全盤迻錄，故未可據爲典要，江氏遽而據以改經，尤其草率，且驗之漢石經復原圖，似《今文尚書》亦無「而」字，史遷乃自行加入也。

〔註43〕 《詩‧鄭風‧緇衣》：「敝，予又改作兮。」鄭《箋》：「作，爲也。」《春秋穀梁傳‧文公二年》：「丁丑，作僖公主。作，爲也。爲僖公主也。」

〔註44〕 同註34。

〔註45〕 王先謙《尚書孔傳參正》以漢石經《尚書》爲《歐陽本》，屈萬里先生《漢石經尚書殘字集證》則則考定爲小夏侯本，茲以其說證據齊全，採之。

八、庶徵：曰雨、曰暘、曰燠、曰寒、曰風、曰時。五者來備，各以其敘，
庶草蕃廡。

按：《史記‧宋微子世家》引作「庶徵：曰雨、曰陽、曰奧、曰寒、曰風、
曰時。五者來備，各以其序，庶草繁廡」。《說文》：「暘，日出也。從
日，易聲。」「陽，高明也。從阜，易聲。」暘、陽義異音同，馬遷
乃用假借字也。《說文》又云：「燠，熱在中也。從火，奧聲。」段《注》：
「古多叚奧爲之，〈小雅〉『日月方奧』，《傳》曰：『奧，煖也。』」段
說是，史遷正用借字也。《說文》又云：「敘，次第也。從攴，余聲。」
段《注》：「古或假序爲之」。「序，東西牆也。從广，予聲。」段《注》：
「經傳多假序爲敘，《周禮》、《儀禮》序字《注》多釋爲次第是也。」
段說是，史遷以「序」代「敘」，同音假借字也。《說文》又云：「蕃，
艸茂也。從艸，番聲。」《史記》引作「繁」者，「緐」之後起字也。
《說文》：「緐，馬髦飾也。從系每。」段《注》：「引申爲多，又俗改
其字作繁，俗形行而本形廢，引申之義行而本義廢矣。……每者，艸
盛上出。故從糸每會意。」段說是，史遷作「繁」者，假借字，亦詁
訓字也。綜上可知，今本《史記》引此節，字雖或異，要不害其義也。
然《後漢書‧李雲傳》：「臣聞皇后天下母，德配坤靈，得其人則五氏
來備，不得其人則地動搖宮。」「五氏來備」下，《注》引《史記》曰：
「曰雨，曰暘，曰燠，曰風，曰寒。五者來備，各以其序，庶草繁廡。」
並云：「是與氏古字通耳」。似《後漢書》之注者〔註46〕所見《史記》
無「曰時」兩字。王先謙《集解》且云：「周壽昌曰：『今《書》作五
者來備，王伯厚引《史記》作五是來備，今本《史記》仍作五者，王
尙見舊本也。』」是則王伯厚所見《史記》，「五者來備」作「五是來
備」。惠棟《九經古義》云：「王伯厚曰：『《史記》作五事來備。』」（按：
今本王氏《困學紀聞》云：「〈洪範〉『五者來備』，《史記》云『五是
來備』，閻若璩《注》：按今本仍『者』字）《後漢書‧荀爽傳》云：
『五韙咸備』，《注》：『韙，是也。』〈李雲傳〉云：『五氏來備。』棟
案：經文曰『時五者來備』，時，是也。言是五者皆備至也。孔氏以
曰時二字屬上句，與漢儒所受《尙書》異讀，後人遂以五是爲傳習之

〔註46〕注《後漢書》者原本多家，今通行者爲唐章懷太子李賢《注》，據《新唐書》
　　　　章懷本傳載，與章懷共任爲《後漢書》注者有張大安、劉訥言、格希元、許
　　　　叔牙、成元一、史藏諸、周寧賢等。

譌，非也。」王鳴盛《尚書後案》：「《傳》以曰時爲五者各以其時，非也。漢讀連下成文，以『曰時五者來備』爲句。」段玉裁《古文尚書撰異》：「『曰時五者來備』凡六字，此《古文尚書》也。五是來備凡四字，此《今文尚書》也。……《史記》本無『曰時』二字，裴《集解》妄引孔《傳》云：『五者各以時』，與正文不相應，於是增改五，是二字爲『曰時五者』四字。」是自惠棟之後，清儒多以「曰時」既不在五者之中，則庶徵不含「曰時」在內。此說有待商榷，以〈洪範〉九疇之有實數可言者，必言實數，是以五行、五事、五紀確含五者，八政有八，三德有三，五福有五，六極有六；今既言庶徵，不言五徵，則「曰時」正應在庶徵內。且「五疀」、「五氏」與「五者」並不相違，疀者是也，此也，與氏音同可通，「五疀咸備」、「五氏來備」正言此五者俱來也。今本《史記》作「曰雨、曰陽、曰奧、曰寒、曰風、曰時。五者來備，各以其序，庶草繁廡」，與《今本尚書》合，段氏以爲《史記》本無「曰時」二字，裴駰據僞孔妄增，此乃見其有不利己說之證據，強爲曲解，然《史記》所引與經文相異甚多，裴氏何不一一校正？是裴氏所見《史記》應有「曰時」二字，段氏之言，終爲揣測之詞耳。

曰乂，時暘若。曰哲，時燠若。

　按：《史記‧宋微子世家》引作「曰治，時暘若；曰知，時奧若」。僞《孔本》「哲」作「晢」。乂者，治也，[註47]《史記》作治，正用詁訓字也。哲、晢、知三字之說已見前「明作哲」按語。

曰豫，恒燠若。

　按：《史記‧宋微子世家》引作「曰舒，常奧若」（〈洪範〉五「恒」字，《史記》皆作「常」）。《論衡‧寒溫篇》、《北堂書鈔》十五引豫亦皆作舒。《釋文》：「豫，徐音舒。」孔《疏》云：「鄭、王本豫作舒」。《尚書大傳》則作荼。段玉裁《古文尚書撰異》：「荼亦舒字也，是《今文尚書》皆作舒。舒與急爲對待之詞，此經當從鄭王本，僞孔作豫，訓逸豫，義稍隔，徐仙民曰：豫又作舒。」段說可從。《說文》：「舒，伸也。從予，舍聲。一曰舒緩也。」此處釋作「舒緩」較通。作荼、作豫，俱

〔註47〕見前「次六曰乂用三德」按語。

為舒之假借字也。〔註48〕又，以「常」代「恒」者，詁訓字也。

曰蒙，恒風若。

按：《史記·宋微子世家》引作「曰霧，常風若」，《北堂書鈔》引此，蒙亦作霧。段玉裁《古文尚書撰異》：「此霚字舊亦作蒙，今更正。」阮元《尚書注疏校勘記》曰：「按稽疑章之蒙，與此章之蒙，《史記》俱作霚，《集解》引此《傳》蒙闇，即作霚闇，則《孔本》此經亦作霚明矣。或疑《疏》引王肅云『蒙，瞀蒙』，似此經不當作霚，然古字音同皆相假借，前既以霚為濛，此何妨以霚為矇。薛季宣書《古文訓》〈洪範〉兩霚字俱作蒙，非也。」段、阮二氏之說非是，蒙、霚、霧三字之關係，說已見前「曰雨，曰霽，曰蒙」章，然前乃指天候而言，故作蒙、作霚、作霧，皆有可說，而此處蒙字義指蒙闇，與稽疑章之本字「霚」不類，而為「冡」字之假借。《說文》：「冡，覆也。从冂豕。」此即古蒙字。段氏據稽疑章「曰霚」，而遽改此章之蒙為霚，實誤。至史遷引作「霧」者，亦為冡之借字也。〔註49〕

曰，王省惟歲，卿士為月，師尹惟日。

按：《史記·宋微子世家》「省」作「眚」，「惟」作「維」，而無「曰」字。省、眚同音可通假，惟、維古亦通用。無「曰」字者，史遷省略之也，無其字不害其意，史遷引經，非全盤迻錄也。

歲日月時無易，百穀用成，乂用明，俊明用章，家用平康。

按：《史記·宋微子世家》，「無」作「毋」，「乂」作「治」，「俊」作「畯」。前二字說已見前，「俊」作「畯」，則用同音假借字也。下章「乂用昏不明」、「俊民用微」、「庶民惟星」，《史記》亦以「治」、「畯」、「維」代「乂」、「俊」、「維」三字。

月之從星，則以風雨。

按：《論衡·感虛篇》云：「〈洪範〉：日月之從星，則有風雨。」以者，有也。《論衡》引文未必一字不變，非王充所見〈洪範〉與今本有異也。

〔註48〕舒、豫、荼古音同在第五部。
〔註49〕霧古音屬幽攝，冡古音屬邕攝，音近相通，今人黎建寰《尚書周書考釋》有說。

第四章 〈洪範〉集釋

　　《今文尚書》二十八篇，文字舛誤，編簡奪略者多矣，而〈洪範〉亦未能免，且《尚書》經文奧衍晦澀，不明其訓詁，審其詞氣，終不能通讀經文。此所以本編於〈洪範異文集證〉後，又闢〈洪範集釋〉一章，冀自其語言文字，進窺其奧祕之經義。

　　《尚書》一經，以佶屈聱牙爲病者已歷二千餘年，故先儒於《尚書》篇章字句之考釋亦多且詳，欲一一徵引已嫌其繁，而實亦無此必要，因之，茲僅摭取有代表性或有獨創性之見解，而結論則取其最得吾心者。非不得已，不自創己說，以先賢之考疏，工夫良深，去取從違，不宜專輒，博採群賢之勝義，以示不敢憑臆妄定也。

〈洪範〉

　　僞孔《傳》：「洪，大；範，法也。言天地之大法。」

　　孔《疏》：「正義曰：洪，大；範，法。皆〈釋詁〉文。」

　　按：〈洪範〉兩字之訓詁，先儒無異說，由內容觀之，本篇所記者，蓋言人君治理天下之大法也。《漢書・五行志》載，劉歆以爲禹治洪水，賜雒書，法而陳之，〈洪範〉是也。聖人行其道而寶其眞，降及於殷，箕子在父師位而典之。周既克殷，以箕子歸，武王親虛己而問焉。此說於科學昌明之今日觀之，頗覺妄誕，蓋篇中箕子言天乃賜禹〈洪範〉九疇，不過托神明意，藉以張大其說耳，劉歆則信以爲眞，遂以〈洪範〉爲禹法雒書而陳之也。

惟十有三祀，王訪于箕子。

> 馬融：「箕，國名也。子，爵也。箕子，紂之諸父。」（《史記集解》引）

> 僞孔《傳》：「商曰祀，箕子稱祀，不忘本。此年四月歸宗周，先告〈武成〉，次問天道。」

> 孔《疏》：「此箕子陳王問己之年，被問之事。惟文王受命十有三祀，武王訪問於箕子，即陳其問辭。」

> 蔡《傳》：「商曰祀，周曰年，此曰祀者，因箕子之詞也。箕子嘗言商其淪喪，我罔爲臣僕。《史記》亦載箕子陳〈洪範〉之後，武王封于朝鮮而不臣也。蓋箕子不可臣，武王亦遂其志而不臣之也，訪而問之也。」

> 林之奇：「諸傳記引此篇者，皆以爲〈商書〉，則知此篇之作，蓋以箕子爲武王陳之，退而自錄其答問之辭以爲書。」（《尚書全解》）

> 蔣廷錫：「箕，蔡《傳》：國名。姓纂云：『商之圻內』。僖三十三年晉敗狄於箕者，杜預云：『太原陽邑有箕城』。在今山西遼州榆社縣東南三十里。」（《尚書地理今釋》）

> 江聲：「汎謀曰訪。箕子，紂諸父，名胥餘。箕，采地名，在畿內。子，爵也，異畿內謂之子。《大傳》曰：『武王勝殷，繼公子祿父，釋箕子之囚，箕子不忍爲周之釋，走之朝鮮。武王聞之，因以朝鮮封之。箕子既受周之封，不得無臣禮，故于十三祀來朝。』武王因其朝而問〈洪範〉。」（《尚書集注音疏》）

> 屈萬里：「有，又也。祀，年也。《爾雅》謂商曰祀。按：孟鼎云：『惟王二十又三祀』，師遽殷云：『惟王三祀』，二者皆周器，而皆稱年曰祀，知《爾雅》之說非也。王，周武王。武王十一年克殷，則十有三祀，乃克殷後之二年也。」（《尚書釋義》）

> 按：《爾雅‧釋天》曰：「夏曰歲，商曰祀，周曰年。」僞孔據此而言箕子稱祀不忘本。然金文亦有言祀者，除屈先生所舉孟鼎、師遽殷外，畢殷亦云「隹王十又四祀」，故知《爾雅》之說非是，僞孔之說亦曲爲附會者也。《左傳》、《說文》引此篇皆云〈商書〉者，林之奇以爲乃箕子退而自錄其答問之辭以成書，〔註1〕此說似難成立，蓋古者史

〔註1〕林氏之說乃沿孔穎達之說來，孔《疏》云：「記傳引此篇皆云〈商書〉，是箕子自作明矣。」

官于人君言動無不書者，武王訪箕子，大事也，豈有史官不書而箕子自錄之理？然則此篇必是周史所錄也。又，《史記》以爲箕子先陳〈洪範〉，後受封於朝鮮，《大傳》以箕子先受封朝鮮，後來朝陳〈洪範〉，考此二說，當以《史記》所言較近情理。〔註2〕

王乃言曰：嗚乎！箕子。惟天陰騭下民，相協厥居，我不知其彝倫攸敘。

馬融：「陰，覆也。騭，升也。升猶舉也，舉猶生也。」（《經典釋文》引）

王肅：「陰，深也。言天深定下民，與之五常之性，王者當助天和合其居，所行天之性，我不知常道倫理所以次敘，是問承天順民何所由。」（《尙書正義》引）

僞孔《傳》：「騭，定也。天不言而默定下民，是助合其居，使有常生之資。我不知其彝倫攸敘，言我不知天所以定民之常道理次敘，問何由。」

孔《疏》：「《傳》以騭即質也，質訓爲成，成亦定義，故爲定也。……相，助也；協，和也。」

蔡《傳》：「乃言者，難辭，重其問也。箕子，稱舊邑爵者，方歸至商，未新封爵也。騭，定。協，合。彝，常。倫，理也。」

段玉裁：「騭不訓定，疑《今文尙書》本作質，故司馬訓爲定。」（《古文尙書撰異》）

劉台拱：「案：陰，闇也，猶冥冥也。騭，古陟字。」（《經傳小記》）

劉逢祿：「陰，降也，古降讀戶隆切，與陰爲雙聲。陰騭，猶言陟降，〈堯典〉言黜陟，《左氏》叔父陟恪，亦陟降之異文也。」（《尙書今古文集解》）

俞樾：「按〈宋世家〉作『維天陰定下民』，疑史公讀騭爲敕。〈皐陶謨篇〉『敕天之命』，敕《傳》曰：『敕，正也。』〈夏本紀〉作『陟天之命』，騭之爲敕，猶敕之爲陟也。敕訓正，正與定古字通，故史公作定，而枚《傳》從之，《正義》謂騭即質也，非是。」（《群經平議》）

朱駿聲：「陰，蔭也，覆也。騭正也，定也。相，敹也，助也。協，和也。

〔註2〕《史記》之說見〈宋微子世家〉。又〈殷本紀〉云：「箕子懼之，乃詳狂爲奴，紂又囚之。」紂囚箕子之後，武王伐殷，克之，箕子約在此時見釋。新免於囚，武王即封之於朝鮮，未及二年，箕子復由朝鮮來朝，語武王治天下之大法，此說雖無直接證據可證其非是，然較之《史記》說，已覺其不近情理矣。

居，尻也，處也。彝猶常也，長也。倫猶理也，攸猶所也。敍，次第也。言天覆定下民，王者助天以和合其所處之性，我不識其常理之所以次第，蓋即下文九疇之敍也。」（《尚書古注便讀》）

屈萬里：「陰，覆蔭也。騭，或作隲，定也。陰騭，猶保護也。敍猶定也。言我不知常道之所規定也。」（《尚書釋義》）

按：陰騭二字，眾說紛紜，《說文》云：「陰，闇也。水之南，山之北也。從阜，陰聲。」劉台拱以為「猶冥冥也」，取引申義，用於此處，正得其實。騭字，馬融解為「升也，升猶舉也，舉猶生也」，迂迴已甚，而其說終覺扞挌，攷其文意，當以王肅、偽孔訓「定」為是。偽孔言「天不言而默定下民」，亦即上天在冥冥中有安定人民之力量，此當是「惟天陰騭下民」之本義。

箕子乃言曰：我聞在昔，鯀陻洪水，汨陳其五行，帝乃震怒，不畀〈洪範〉九疇，彝倫攸斁。

鄭玄：「帝，天也。天以鯀如是，乃震動其威怒，不與天道大法九類，言王所問所由敗也。」（《史記集解》引）

偽孔《傳》：「陻，塞。汨，亂也。治水失道，亂陳其五行。畀，與。斁，敗。天動怒鯀，不與大法九疇。疇，類也。故常道所以敗。」

蔡《傳》：「乃言者，重其答也。陻，塞。汨，亂。陳，列。畀，與。洪，大。範，法。疇，類。斁，敗。帝以主宰言，天以理言也。〈洪範〉九疇，治天下之大法，其類有九，即下文初一至次九者，箕子之答，蓋曰〈洪範〉九疇，原出於天。鯀逆水性，汨陳五行，故帝震怒，不以與之，此彝倫之所以敗也。」

蘇軾：「汨，亂也。九疇如草木之區別也。斁，厭也。執一而不知變，鮮不厭者。」（《東坡書傳》）

王鳴盛：「古訓有反義，《說文》：『汨，治水也』，治反為亂也。疇訓類者，疇本當作𤲯，疇乃流俗妄造，不成文理。說文田部𤲯字注云『耕治之田也』，從田，象耕詘之形，直由切，或省作𤱝，此言九𤲯者，蓋龜背所列之字縱橫錯落，其行列象田耕詘之形，而所列者有九，故曰九𤲯。……斁訓敗者，斁本當作殬，《說文》卷四下歺部云：『殬，敗也。從歺，睪聲。〈商書〉曰：「彝倫攸殬」。』當故切。卷三下攴部云：『斁，

解也。从攴，睪聲。《詩》云：「服之無斁」，斁，厭也，一曰終也。』
羊益切。二字絕不同。」（《尚書後案》）

按：陞本作「堲」，〔註3〕《說文》：「堲，塞也。」汨字，舊皆訓治，此
　訓亂者，反訓也。〔註4〕陳，列也。〔註5〕疇當作𣊬，王鳴盛之說是，
　唯王氏以龜背所列文字象田耕詘之形，則不免流於迷信，而強爲之
　說也。斁之本字作「殬」，敗也，今本〈洪範〉乃用假借字也。東坡
　不明於此，遂訓斁爲「厭」，失之。

鯀則殛死，禹乃嗣興，天乃錫禹〈洪範〉九疇，彝倫攸敘。

鄭玄：「《春秋傳》曰：『舜之誅也，殛鯀；其舉也，興禹。』」（《史記集
　解》引）

僞孔《傳》：「放鯀至死不赦。嗣，繼也。廢父興子，堯舜之道。天與禹，
　洛出書，神龜負文而出，列於背，有數至于九，禹遂因而第之，以成
　九類，常道所以次敘。」

陸德明：「殛，紀力反，本或作極。」（《經典釋文》）

孔《疏》：「《易·繫辭》云：『河出圖，洛出書，聖人則之。』九類各有
　文字，即是書也。而云天乃錫禹，知此天與禹者，即是洛書也。《漢書·
　五行志》，劉歆以爲伏羲繼天而王，河出圖，則而畫之，八卦是也。禹
　治洪水，錫洛書，法而陳之，〈洪範〉是也。先達共爲此說，龜負洛書，
　經無其事，《中侯》及諸緯多說黃帝、堯、舜、禹、湯、文、武受圖書
　之事，皆云龍負圖，龜負書。緯侯之書，不知誰作，通人討覈，謂僞
　起哀平，雖復前漢之末，始有此書，以前學者，必相傳此說，故孔以
　九類是神龜負文而出，列於背，有數從一而至於九，禹見其文，遂因
　而第之以成此九類法也。此九類陳而行之，常道所以得次敘也。言禹
　第之者，以天神天語必當簡要，不應曲有次第丁寧若此，故以爲禹次
　第之。禹既第之，當有成法可傳，應人盡知之，而武王獨問箕子者，〈五
　行志〉云：『聖人行其道而寶其眞，降及於殷，箕子在父師之位而典之。
　周既克殷，以箕子歸，周武王親虛己而問焉。』言箕子典其事，故武
　王特問之，其義或當然也。」

〔註3〕見本編第三章〈洪範異文集證〉。
〔註4〕汨字，《說文》、《楚辭·注》、僞孔《傳》皆訓治，《國語·注》訓通。
〔註5〕見《周禮·地官·司市·注》。

蔡《傳》：「錫，賜也。禹順水之性，地平天成，故天出書于洛，禹別之以爲〈洪範〉九疇，此彝倫之所以敘也。彝倫之敘，即九疇之所敘者也。按孔氏曰：『天與禹，神龜負文而出，列於背，有數至九，禹遂因而第之，以成九類。』《易》言河出圖，洛出書，聖人則之。蓋治水功成，洛龜呈瑞，如簫韶奏而鳳儀，《春秋》作而麟至，亦其理也。世傳戴九、履一、左三、右七，二四爲肩，六八爲足，即洛書之數也。」

蘇軾：「舊說河出圖、洛出書，河圖爲八卦，洛書爲九疇，其傳也尚矣，學者或疑而不敢言，以予觀之，圖書之文必粗有八卦九疇之象數，以發伏羲與禹之知，如《春秋》之以麟作也，豈可謂無也哉！」（《東坡書傳》）

王充耘：「九疇非始於禹，如卜筮起於伏羲，作歷始於黃帝，堯舜以來皆從事五事以修身，皆用刑賞威福以爲治，豈待禹而後有乎？蓋聖人迭興，戲法創制，先後錯出而無倫，至此敘爲九章，而聖人治天下之大法，首尾完具，粲然如指諸掌，則自禹始耳，故曰洛出書而九疇敘。」（《讀書管見》）

江永：「《尚書‧孔安國傳》，晉、魏間人僞撰，其言禹治水時，神龜負文而列於背，有數之九，禹遂因而第之，以成九類。後人遂謂洛書爲九疇，非也。箕子爲武王陳〈洪範〉九疇，謂治天下之大法，有此九類耳，未必有取於洛書。」（《群經補義》）

段玉裁：「《釋文》：『殛，極力反，本又作極。』玉裁按：作極是也。《夏本紀》舜行視鯀之治水無狀，乃殛鯀於羽山以死。此語最分明，因殛而死，非訓殛爲殺也。」（《古文尙書撰異》）

按：〈洪範〉之文，奇古奧博，以箕子自言得自天帝，千年以來，乃奉爲祕寶。漢儒不明箕子託其說於神明，乃欲武王重其說，遂以其文自洛而出，或以爲六十五字，或以二十七字，說雖不同，要皆以爲龜背誠有五行等字，何怪誕如是哉！考龍負圖、龜負書之說本因漢《中侯》及諸緯之渲染，而得以流傳後世，而緯書之作者既不知其人，其文復荒誕不經，後人本之而深信不疑，寧不可怪？

本句之文辭平易，滋後人疑惑者唯一「殛」字。《爾雅‧釋言》：「殛，誅

也。」是則「鯀則殛死」言「鯀乃誅死」也，〔註6〕然《史記・夏本紀》曰：
「舜登用，攝行天子之政，巡守行視，鯀之治水無狀，乃殛鯀於羽山以死。」
鄭志答趙商亦曰：「鯀放居東裔，至死不得反於朝。」此二說均詳於〈洪範〉，
而均以鯀遭流放至死，陸德明言〈洪範〉之「殛」本或作「極」，說可從，「極」
亦放逐之意，〔註7〕然則「鯀則殛死」乃言鯀違天道，舜放之於羽山而至死也。
又《爾雅》云：「嗣，繼也。」(〈釋詁〉)「興，起也。」(〈釋言〉)禹乃嗣興
者，謂禹乃繼父之志，起而治水也。

初一，曰五行。

馬融：「從五行已下至六極，六書文也。」(《經典釋文》引)

鄭玄：「行者言順天行氣。」(《永樂大典》鑒字部)

僞孔《傳》：「九類類一章，以五行爲始。」

蔡《傳》：「此九疇之綱也。(按指「初一曰五行」至「次九曰嚮用五福，
　　威用六極」)在天惟五行，在人惟五事，以五事參五行，天人合矣。」

蘇軾：「無所不用五行，故不言用。」(《東坡書傳》)

朱子：「自一至九，洛書之本數；初次者，禹次第之文。五行以下則禹法
　　則之事，蓋因洛書自然之數而垂訓于天下後世也。」(《尚書埤傳》引)

趙善湘：「此九疇之始也。九疇何始於五行？天一生水，地二生火，天三
　　生木，地四生金，天五生土，自有天地而五行生焉，故〈洪範〉九疇
　　始於五行也。或曰：〈洪範〉九疇，五行、五事、五紀、庶徵皆五，而
　　皇極經世書其數皆四，何也？曰：五行之於土，五事之於思，五紀之
　　於歷數，庶徵之於風，皆皇極經世之道也，經世書主於皇極，故其數
　　四而已，以皇極足之五矣。」(《洪範統一》)

朱駿聲：「播五行于四時，迭相休王，爲天行氣也，故曰行。」(《尚書古
　　注便讀》)

按：初者，始也。初一者猶言第一也。〔註8〕九疇以五行爲第一，以五行

〔註6〕則，乃也，《經傳釋詞》有言。
〔註7〕見本編第三章〈洪範異文集證〉註11。
〔註8〕《說文》：「初，始也，從刀衣，裁刀衣，裁衣之始也。」段《注》：「製衣以
　　鍼，用刀則爲製之始，引申爲凡始之稱。」《易・既濟》：「初吉終亂」，又《莊
　　子・繕性》：「繕性於俗學，以求復其初。」成玄英《疏》：「求歸復本初之性」，
　　本初即始也。

爲物質之原素，乃人生所不可或缺也。行者，《白虎通‧五行篇》曰：「言行者，爲天行氣之義也。」古人以水、火、木、金、土爲天行氣，故謂之五行。五行至六極，馬融以爲皆洛書文，《漢書‧五行志》以初一至六極六十五字，皆洛書本文，與馬說同，朱子亦以爲「初次者，禹次第之文」，凡此諸說皆誤會經義，附以讖緯，殊無足據。夫九疇者，自有天地即有之，其粗顯於斯民日用之間，其妙存於聖人心術之微，非至禹而天始賜之，況天神語言必不如是委曲繁悉，則以此爲洛書本文，不可也。上載武王問常道之次敘，箕子承其問，將一二爲武王言之，故先列其目，如此則九疇之次第又與大禹無涉也。

次二，曰敬用五事。

僞孔《傳》：「五事在身，用之必敬，乃善。」

蔡《傳》：「五事曰敬，所以誠身也。」

趙善湘：「此以下皆自然之敘，天地分而水、火、木、金、土爲天地之五行。人生乎天地之間，而貌、言、視、聽、思爲人之五行，得於形象之初，而根於固有之性，其道則一也。聖人出而治天下，苟不先敬此五事，則吾身之五行先汩之矣，何以致彝倫之敘耶？」（《洪範統一》）

朱駿聲：「五事切于人身，故曰敬。」（《尚書古注便讀》）

按：敬者，愼也。〔註9〕敬用五事者，敬愼於五事也。敬或作羞，本編第三章〈洪範異文集證〉已言之，茲不贅。五行之後繼以五事，此並不意謂五行與五事有何關連，然後人恒以五行配五事；宋人趙善湘以五事爲人之五行，此乃趙氏之陋，而近人章太炎先生言「古者〈洪範〉九疇，舉五行傅會人事」，〔註10〕亦可謂受誑於漢儒之立論。《春秋繁露》卷十三〈五行相生〉中，以五行配五常；《白虎通德論‧五行篇》以五行與人之五常之德相配，因之，以五行配五事，乃出於漢儒之手。然九疇中之「人事」乃貌、言、視、聽、思五者，非但與水、火、木、金、土五種基本元素風馬牛不相及，即〈洪範〉本文亦未言五行與五事有關，後人以五行配五事之說若可成立，則五行亦可配五紀與五福矣，是其不可通者也。

〔註9〕《詩‧周頌‧閔予小子》：「維予小子，夙夜敬止。」鄭《箋》：「敬，愼也。我小子早夜愼行祖考之道，言不敢懈倦也。」

〔註10〕見章太炎：〈子思孟軻五行說〉，《太炎文錄初編》卷一。

次三，曰農用八政。

馬融：「食爲八政之首，故以農名之。」（《經典釋文》引）

鄭玄：「農讀爲醲。」（《尙書正義》引）

僞孔《傳》：「農，厚也。厚用之政乃成。」

孔《疏》：「鄭玄云：『農讀爲醲』，則農是醲意，故爲厚也。政施於民，善不厭深，故厚用之政乃成也。張宴、王肅皆言農倉之本也，食爲八政之首，故以農言之，然則農用止爲一食，不兼八事，非上下之例，故《傳》不然。八政、三德揔是治民，但政是被物之名，德是在己之稱，故分爲二疇也。」

蔡《傳》：「八政者，人之所以因乎天，……八政曰農，所以厚生也。」

蘇軾：「農，厚也。」（《東坡書傳》）

趙善湘：「天地有此五行矣，聖人敬用此五事矣，所以施之天地之間者，宜孰先焉？經曰：『惟天地萬物父母，惟人萬物之靈，亶聰明作元后，元后作民父母。』八政者，豈非父母斯民之急務乎？政非獨此八者，而此八者亦天地自然之序，有不可或闕也。農，農事也。八政自『一曰食』至『八曰師』，無非養民，皆本之於農事，苟不知務本，則八政何由自致其用？」（《洪範統一》）

馮登府：「案《廣雅》：『農，勉也。』〈襄十三年傳〉：『小人農力以事其上』，《管子·大匡》：『耕者用力不農，有罪無涉。』《墨子·非攻》：『率天下之百姓，以農臣事上帝。』農竝訓勉，與明用、念用、嚮用文法相同。用當訓以。」（《十三經詁答問》）

按：農用八政，馬鄭異訓，王肅採馬說，陳喬樅以爲馬、王皆治《古文尙書》，其主田農爲義者，古文說也，鄭康成讀農爲醲，當是從今文家說，〔註11〕然無論今文家或古文家說，釋農爲農事，讀農爲醲，於文義均有欠通之處。農爲食之本，此誠然，但無以該八政，或謂「政者，國之行政也，所以養民也；養民以農爲主，中國又以農立國，農事爲主要之事，農夫爲國民中之至多者，故古之爲政者，首重農事。此八政雖非必皆爲農事，然與農事亦莫不息息相關，此食

〔註11〕 見《今文尙書經説考》。

又為八政之首，是以箕子以首要之農名之，並無不當」，〔註12〕然細審詞類，敬用、農用、協用皆為動詞後接介詞，〔註13〕則此農字亦應屬動詞，釋為農事，則扞格難通矣。八政以食為首，食乃管理民食之官，自與農事有關，若謂司寇、賓、師亦皆與農事息息相關，則乃強為之說也。鄭玄以農為醲之借字，較馬注為長，然以農為副詞，用為動詞，則於詞類又有待商權，蔡沈以「八政曰農，所以厚生」，亦強為解說之辭，終不似《廣雅》訓農為勉為通也。農字訓為「勉」，當係引申義，蓋農本有「辛勞勤勉」之意，《廣雅》訓農為「勉」當自有其根據。用字在此屬介詞，農用八政者，勉力於八種政綱也。

次四，曰協用五紀。

偽孔《傳》：「協，和也，和天時，使得正用五紀。」

孔《疏》：「協，和。〈釋詁〉文。天是積氣，其狀無形，列宿四方，為天之限，天左引，晝夜一周，日月右行，日遲月疾，周天三百六十五度有餘，日則日行一度，月則日行十三度有餘，日周行於星辰，乃為天之歷數。和此天時，令不差錯，使行得正，用五紀也。日月逆天道而行，其行又有遲疾，故須調和之。」

蔡《傳》：「五紀者，天之所以示乎人。……五紀曰協，所以合天也。」

趙善湘：「八政本於天地間之固有，而見於聖人五事之敬用。天運乎上，地成乎下，聖人擅域中之大，而不明乎天道，則政亦乖矣。故治歷明時，取法於天，凡有不協於五紀者，皆當致其察也，知是則寧有悖違天道之政為民害乎？」（《洪範統一》）

夏僎：「五紀必言協用者，協，合也，與協時月正日之協同，謂欲考合時日，不可不用五紀也。」（《尚書詳解》）

江聲：「叶，合也。合成五位，為之條紀。」（《尚書集注音疏》）

朱駿聲：「協，合也。紀如絲之細別也。五紀所以合天，故曰協用。」（《尚書古注便讀》）

〔註12〕見黎建寰先生：《尚書周書考釋》，臺灣師範大學國文研究所 1975 年博士論文。
〔註13〕屈萬里先生《尚書釋義》釋敬用、農用、協用之「用」字為「於」，是屈先生亦以敬、農、協皆動詞也。

馬浮：「曰協用者，五紀以律天時，其用在和，歲、月、日、時、星辰、
曆數一往而有常者也，王及卿士、師尹、庶民一體而無閒者也。紀以
別前後，位以定上下，皆所以和之，不愆不忒，不陵不犯，所謂協也。」
（《洪範約義》）

按：協，和也。〈堯典〉：「百姓昭明，協和萬邦。」《傳》：「協，合也。」
《疏》：「使之合會調和天下之萬國也。」協釋作「和」，諸家無異
說。紀，識也，見《廣雅釋詁》。凡歲、月、日、星辰、曆數，皆
所以資人識別時日之先後次第也。協用五紀者，調和於五種天象
時令，亦即以五紀協合天道，使能爲民用也。《漢書・五行志》引
此文作「叶用五紀」，《注》引應劭曰：「叶，合也。合成五行，爲
之條紀也。」此係以五行配五紀；〈洪範〉本文當無此義，應氏強
爲之說耳。近人戴君仁先生因見應《注》有「爲之條紀」語，乃
撰〈洪範五紀說〉，〔註14〕云：「紀的本義是絲頭，絲頭是一條一
條的，所以可用條訓紀。但歲月日星辰曆數這些東西，何以可用
條紀來稱它們呢？我們須知道前四個都是曆法上名稱，月日星辰
不是指太陽太陰列宿等本體，而是曆法須依它們來定。三百六十
五個日是一歲，三十個或二十九個日是一月。所以僞孔《傳》於
歲下云，所以紀四時，月下云所以紀一月。曆法必須有條不紊，
因此稱之爲紀。」此說並無直接證據可尋，〔註15〕雖亦自成一家
之言，本編毋寧取《廣雅・釋詁》之訓也。〔註16〕

次五，曰建用皇極。

僞孔《傳》：「皇，大；極，中也。凡立事當用大中之道。」

蔡《傳》：「皇極者，君之所以建極也。……皇極曰建，所以立極也。……
皇極不言數，非可以數明也。」

〔註14〕〈洪範五紀說〉原載《孔孟學報》第十二期。
〔註15〕〈洪範五紀說〉結論云：「以上所說，只是一種猜想，不是憑空瞎猜，而是略
有證據的。不過這些證據，不是直接的，而是間接的，不是正面的，而是旁
烘側襯的。當然免不掉傅會之譏。我寫出來，只是姑妄言之，希望讀者姑妄
看之而已，末了，我還要附帶聲明，我們研究遠古的東西，有實實在在的憑
據，固然最好；否則也只好拉扯傅會。」
〔註16〕屈萬里先生《尚書釋義》亦釋紀爲「識」。

夏僎：「皇極必謂之建用者，謂人君欲有所建立，以示斯民不可不用皇極也。」（《尚書詳解》）

江聲：「建，立；皇，君也。皇或爲王，王亦君也。極，中也。」（《尚書集注音疏》）

王鳴盛：「先儒皆以爲中無二訓也，惟皇字漢人有異解，《五行志》：『皇，君；極，中；建，立也。』《五行志》說本伏生。……伏生乃今文之學，非古文，其說不盡可從。鄭注《傳》與注經異義者多，彼《傳》以皇作王，自當訓君，此經入皇，鄭必不訓君也，下文遵王之道方訓君耳。」（《尚書後案》）

陳喬樅：「案〈洪範‧五行傳〉王極，鄭注云：『王或皆爲皇』，攷《白虎通‧號篇》曰：『皇，君也、美也、大也。』皇之訓爲君，亦爲大，故孔光、谷永說皇極並以大中爲訓。此歐陽、夏侯三家之本不同也。」（《今文尚書經說考》）

俞樾：「以皇極爲大中，固古義也，然下文言皇建其有極、惟皇作極，一以大中訓之，實有不可通者。蔡《傳》曰：『皇，君也；極猶北極之極，至極之義，標準之名。』其說殊勝。」（《群經平議》）

朱駿聲：「建，立也；皇，大君也；極猶中也。君所以立民極，故曰建用。」（《尚書古注便讀》）

按：皇字或訓大，或訓君，其義不同。攷皇字金文作𝌀、𝌁、𝌂、𝌃諸形，其上不從自，而象日有光芒之形，與《詩經》中皇字爲盛大光美之義合。〔註17〕《說文》：「皇，大也。從自王。自，始也。始王者三皇，大君也。」許君依小篆從「自」者爲說，自不免迂曲；釋其義爲大，而不直謂之三皇或大君，正見其審慎有度。僞孔《傳》釋皇爲「大」，正得其本義，訓爲「大君」當係後起之義也。僞孔又訓極爲「中」，蔡沈則釋爲「至極之義，標準之名」，俞曲園以爲蔡說較勝，殊不知中者不偏不倚，不變不動也，〔註18〕亦可以「法則」、「標準」二語釋之，僞孔與蔡《傳》之訓極，並不相悖也。建用皇極者，建立並運用盛大光美之正道也。用字在此係動詞，非介詞也。

〔註17〕《詩‧大雅‧皇矣》：「皇矣上帝」，毛《傳》：「皇，大也。」〈文王有聲〉：「皇王維辟」，毛《傳》：「皇，大也。」

〔註18〕程頤釋中庸云：「不偏之謂中，不易謂庸。」

次六，曰乂用三德。

　　偽孔《傳》：「治民必用剛柔正直之三德。」

　　蔡《傳》：「三德者，治天所以應變也。……三德曰乂，所以治民也。」

　　朱駿聲：「君所以立民極，故曰建用。乂，㐅也；治，理也。三德所以治民，故曰乂用。」（《尚書古注便讀》）

　　按：「乂」為「㐅」之省，㐅者，治也。說見本編第三章〈洪範異文集證〉。乂用三德者，治民用三德也。

次七，曰明用稽疑。

　　偽孔《傳》：「明用卜筮考疑之事。」

　　蔡《傳》：「稽疑者，以人而聽於天也。……稽疑曰明，所以辨惑也。」

　　趙善湘：「三德所以輔乎皇極者也，然大道既分，皇極之用，散在萬殊，無精粗，無小大，如是而為道，如是而非道，如是而可，如是而不可，吾恐不能無疑於其間，遂立卜筮而稽之。曰明用稽疑，則稽疑當主乎明，苟無明見，則流於邪說矣。」（《洪範統一》）

　　夏僎：「稽疑必謂之明用者，卜筮所以稽考而明己之疑惑也，故欲明己之疑者，不可不用稽疑也。」（《尚書詳解》）

　　江聲：「𠧇，今兮反，正義本作稽，茲從《說文》所引。……𠧇卜以問疑也，疑事明考之以蓍龜。」（《尚書集注音疏》）

　　王鳴盛：「𠧇本卜問字，因與稽同音，借作稽。此經𠧇疑，偽孔作稽疑是也。稽考之稽，亦當作𠧇，亦以同音借作稽，偽《大禹謨》無稽之言是也。〈堯典〉稽古本當作𥝌，以極于上而止，有上同義也，乃又借稽用之。于是一稽字，或作卜問，或作稽攷，或作上同，其實本義惟留止，彼三義皆叚借也。」（《尚書後案》）

　　朱駿聲：「稽，𠧇也，卜以問疑也。疑，𢇍也，惑也，故曰明用。」（《尚書古注便讀》）

　　曾運乾：「稽讀為卜，卜以問疑也。」（《尚書正讀》）

　　按：明者，明事之吉凶也。稽乃𠧇之假字，《說文》：「稽，留止也，從禾從尤，旨聲。」「𠧇，卜以問疑也，從口卜，讀與稽同。」明用稽疑者，欲明事物之吉凶宜否，預卜以決疑也。稽字，江聲從《說文》改作「𠧇」，然《說苑‧反質篇》曰：「凡古之卜曰者，將以輔道稽

疑。」《論衡‧感類篇》亦曰：「〈洪範〉稽疑」，由是知今文、古文皆作「稽疑」不作「卟疑」也。稽疑曰明用者，聖人至公之體，不自以為無可疑，必參之以人謀鬼謀，以合幽明之理，故必卜以決疑，其用則在乎明，明乎鬼神之理與人之理，則吉凶可以無差，而疑者可決矣。

次八，曰念用庶徵。

鄭玄：「庶，眾也；徵，驗也。謂眾行得失之職。」（《禮記‧禮器‧正義》引）

孔《疏》：「次八曰念用天時眾氣之應驗。」

蔡《傳》：「庶徵者，推天而徵之人也。……庶徵曰念，所以省驗也。」

王安石：「庶徵無地不有，無時不然。念用云者，盡欲建極之君，兢兢業業，不敢一日有滿假之心，《易大傳》云：其出入以度，外內使知懼，无有師保，如臨父母。』此之謂也。漢儒休咎之說，恐未足以語此。」（胡渭《洪範正論》引）

朱駿聲：「念，常思也；庶猶眾也；徵，譣也。庶徵所以自省，故曰念用。」（《尚書古注便讀》）

馬浮：「曰念用者，念亦敬而無失之意。雨、暘、燠、寒、風者，在天則五氣之宣流，在人則五事之徵驗也。若曰因災異而後脩省，則亦晚矣。」（《洪範約義》）

按：念，常思也。庶，眾也。徵，徵驗也。此諸家多無異說。〔註 19〕念用庶徵者，言常思天之各種徵兆，以為人事得失之證驗也。〈洪範〉未嘗以五行配五事，此前已言之，而〈洪範〉講天人感應關係者，則在「庶徵」與「五福六極」二節也。次七言明用稽疑，疑既決而又取證於天之休咎者，以古人以為天人一理，九疇皆得，則天應以休；九疇皆失，則天應以咎也。

〔註 19〕吳汝綸《尚書故》、《尚書大義》訓念為「告」，以為與驗同字，此說與諸家不同，然未其長。屈萬里先生《尚書釋義》採吳說，釋「念用庶徵」為「天告人以吉凶」，然於所著《尚書今註今譯》一書，又釋「念」為「顧慮」，《尚書釋義》出版於1956年《尚書今註今譯》出版於1969年，顯見屈先生本從吳說，後又從傳統之說也。

次九，曰嚮用五福，威用六極。

馬融：「言天所以畏懼人，用六極。」（《史記集解》引）

僞孔《傳》：「言天所以嚮勸人，用五福；所以威沮人，用六極。此已上
禹所第敘。）」

蔡《傳》：「福極者，人感而天應也。……五福曰嚮，所以勸也；六極曰
威，所以懲也。」

蘇軾：「嚮，趨也。用福極使人知所趨避也。」（《東坡書傳》）

江聲：「鄉，昕盖反。畏，《正義》本作威，乃衛包承詔所改，據《書古
文訓》，則僞《孔本》實作，畏，古文畏也。案《史記·宋世家》、《漢
書·五行志》及〈谷永傳〉，皆引作畏，故從畏。……天所以鄉樂人，
用五福；所以畏悪人，用六極。以上洛書文也。初一曰等，禹所第敘，
龜背凡三十八字。一說耇用等字亦禹所加，洛書止二十字，未知孰是。」
（《尚書集注音疏》）

王鳴盛：「馬以威爲畏懼人者，古威畏通也。《傳》云：『已上禹所第敘』
者，《釋文》引馬《注》云：『五行至六極是洛書文。』則初一曰等二
十七字，是禹所加，本文惟三十八字，上《傳》云：『禹因而第之。』
此《傳》云：『此已上禹所第敘。』是孔與馬同，《疏》欲申孔，故曲
爲附會，實則〈五行志〉所引劉歆說六十五字，皆本文者爲是。觀鄭
言洛書有六篇，則何必以天言簡要，必無次第爲疑，諸家之說皆非也。」
（《尚書後案》）

按：嚮古通饗，意同享。威，畏也，二字聲同義通。此本編第三章〈洪
範異文集證〉已言之。極，窮也，[註20] 即困厄之意。嚮用五福者，
謂天勸人爲善，爲善者，可享有五種幸福也。威用六極者，天懲人
之爲悪，爲悪者，以六種困厄使之畏懼也。自初一曰至六極六十五
字，馬融以爲洛書文，（見《尚書正義》）說極無稽，然後人多信其
說，清儒江聲著《尚書集注音疏》，多有精義，而於龜背載文之說，
仍深信不疑，足見讖緯之說影響於中國儒生者既深且遠。僞孔《傳》
以爲初一至次九皆禹所第敘，此說待詳，然或係箕子所第敘，或經
禹及箕子第敘，而周史記錄時又有所整理編次，此則未可知也。自
初一曰至六極，乃上古致治之條目也，於爲政大綱，亦已該貫矣，

〔註20〕見《禮記·樂記·注》。

以下則分述九疇之內容。

一、五行。一曰水，二曰火，三曰木，四曰金，五曰土。

鄭玄：「此數本諸陰陽所生之次也。」（《史記集解》引）

僞孔《傳》：「皆其生數。」

孔《疏》：「此章所演，文有三重。第一言其名次，第二言其體性，第三言其氣味，言五者性異而味別，名爲人之用，《書傳》云：『水火者，百姓之求飲食也，金木者，百姓之所興作也，土者，萬物之所資生也。』是爲人用，五行即五材也。《襄二十七年·左傳》云：『天生五材，民並用之。』言五者各有材幹也，謂之行者，若在天則五氣流行，在地世所行用也。《易·繫辭》曰：『天一、地二、天三、地四、天五、地六、天七、地八、天九、地十』，此即是五行生成之數，天一生水，地二生火，天三生木，地四生金，天五生土，此其生數也，如此則陽無匹、陰無耦，故地六成水，地八成木，天九成金，地十成土，於是陰陽各有匹偶，而物得成焉，故謂之成數也。《易·繫辭》又曰：『天數五、地數五、五位相得而各有合。』此所以成變化而行鬼神，謂此也。又數之所起，起於陰陽，陰陽往來，在於日道，十一月多至日，南極陽來而陰往，多水位也，以一陽生爲水數。五月夏至日，北極陰進而陽退，夏火位也，當以一陰生爲火數，但陰不名奇數必以偶，故以六月二陰生爲火數也。是故《易》說稱乾貞於十一月子，坤貞於六月未，而皆左行由此也。多至以及於夏至，當爲陽來，正月爲春，木位也，三陽已生，故三爲木數。夏至以及多至，當爲陰進，八月爲秋，金位也，四陰已生，故四爲金數。三月春之季，四季土位也，五陽已生，故五爲土數。此其生數之由也。又萬物之本，有生於無者，生於微，及其成形，亦以微著爲漸，五行先後，亦以微著爲次，五行之體，水最微，爲一，火漸著，爲二，木形實，爲三，金體固，爲四，土質大，爲五，亦是次之宜，大劉與顧氏皆以爲水、火、木、金得土數而成，故水成數六，火成數七，木成數八，金成數九，土成數十，義亦然也。」

蔡《傳》：「此下九疇之目也。水、火、木、金、土者，五行之生序也。天一生水，地二生火，天三生木，地四生金，天五生土。唐孔氏曰：『萬物成形，以微著爲漸；五行先行，亦以微著爲次。五行之體，水最微，爲一；火漸著，爲二；木形實，爲三；金體固，爲四；土質大，爲五。』」

趙善湘：「太極始分而爲乾坤，乾一變而爲坎，坤一變而爲離，是生水火。乾再變而爲震，坤再變而爲兌，是生木金。水火得乾坤之中氣，木金得乾坤之偏氣，是爲四象也。土者，坤之承乎乾而厚載物者也。合乾坤之氣而成位乎下，故行水火木金之中，而爲統一之道也。此是說天地間之生數，萬物之始，無非水也曰天一生水，地以六成之；地二生火，天以七成之；天三生木，地以八成之；地四生金，天以九成之；天五生土，地以十成之。大略天生之，則地成之；地生之，則天成之。不過只是陰陽，獨陰不生，獨陽不生，陰陽既合，此五行之所以生也。」（《洪範統一》）

王夫之：「云天一生水，地六成之云云者，不知出於何人，亦不知何所取義，列八卦分爲八象，天、地、雷、風、水、火、山、澤，三聖立教昭然，從未有五行之說，五行始於〈洪範〉，乃言天之所以協民居而爲民用之所需者，人君當修治之，以厚民生，而利其用，與變化鬼神之道，全無干涉。」（《周易稗疏》）

朱駿聲：「天一生水，地六成之；地二生火，天七成之；天三生木，地八成之；地四生金，天九成之；天五生土，地十成之。《禮記·月令》，春夏秋多以成數言，中央以生數言者，土以生爲本者；《春秋繁露》以木、火、土、金、水爲序，此五行自相生之次。《左·昭二十五·傳》，六府以水、火、金、木、土爲序，此五行自相克之次。」（《尚書古注便讀》）

按：自「一、五行」以下，皆箕子演說之言也。水、火、木、金、土五者乃物質界之基本原素，亦人生所必需之材料也。〈洪範〉五行依水、火、木、金、土之順序排列，冠以「一曰」「二曰」者，如今人以一二數物耳，非有先後之序，亦無奇偶之數也。戰國末年，這五行者漸多，學者喜以五行配一切，如四方，以北配水，以南配火，以東配木，以西配金，以中央配土，鄒衍更昌言陰陽學說，〔註21〕應用於政治上，引申出三統五德之說，至漢儒更以陰陽五行講讖緯術數，符錄瑞應，遂有五行生克之說，如《白虎通·五行》言「眾勝寡，

〔註21〕 梁任公以爲陰陽五行說創始於燕齊之方式，而鄒衍是其負責者之一，王師夢鷗則以爲「把原有的陰陽說加入五行說而起消息作用的，是創自鄒衍，並由他傳與燕齊海上之方士」茲從其說。詳《鄒衍遺說考》，臺灣商務印書館印行

故水勝火也。精勝堅，故火勝金。剛勝柔，故金勝木。專勝散，故
木勝土。實勝虛，故土勝水」，然相勝之理論實難立足，以「眾勝寡，
故水勝火」為例，此當謂水多可以滅火，然若水少火多，且比例懸
殊，則又如之何？「精勝堅，故火勝金」，此當謂火可爍金，然火亦
可焚木，則云火勝木，不亦可乎？至若相生之說，亦頗薄弱，如《春
秋繁露》云「土生火」，鑽木取火，此說固可成立，而「金生水」則
不可通矣；云「水生木」，此說可瞭解，以木須水之灌溉也，然木須
長於土中，則謂「土生木」不亦宜乎？由〈洪範〉經文視之，五行
乃指人生日用之資材，後經社會之變遷，乃逐漸擴大傅會其說，然
後五行乃與陰陽之說合而為一也。唐孔穎達以〈洪範〉五行之次序，
配以天道，以為此生序之數，因而大放厥辭，實則已泥於漢陰陽五
行讖緯之術而不自知，即以〈洪範〉與《禮記‧月令》相較，其五
行之次序已自不同，後儒不但不能由此悟解五行之順序本無特殊意
義，又從而為之辭，其想像力也豐，其學說則恐不可從。總之，五
行者，人生所不可或缺者也，人君當修治之，以厚民生，而利其用，
與變化鬼神之道，全無干涉，王夫之之言是也，配以陰陽，雜以五
色、五味及甲子方位者，皆謬悠之說也。

水曰潤下，火曰炎上，木曰曲直，金曰從革，土爰稼穡。

馬融：「金之性，從人而更可銷鑠。」（《史記集解》引）

王肅：「水之性，潤萬物而退下。火之性，炎盛而升上。」（《尚書正義》
引）

偽孔《傳》：「（水曰潤下，火曰炎上）言其自然之性。木可以揉曲直，
〔註22〕金可以改更。種曰稼，斂曰穡。土可以種，可以斂。」

孔《疏》：「揉曲直者，為器有須曲直也。可改更者，可銷鑄以為器也。
木可以揉令曲直，金可以從人改更，言其可為人用之意也。由此而觀，
水則潤下，可用以灌溉；火則炎上，可用以炊爨，亦可知也。水既純
陰，故潤下趣陰；火是純陽，故炎上趣陽；木金陰陽粗雜，故可曲直
改更也。鄭玄《周禮‧注》云：『種穀曰稼，若嫁女之有所生。』然則
穡是惜也，言眾畜之可惜也，共為治田之事，分為種斂二名耳。土上

〔註22〕《史記集解》作「木可揉使曲直」。

所爲，故爲土性，上文潤下、炎上、曲直、從革，即是水、火、木、金體有本性，其稼穡以人事爲名，非是土之本性，生物是土之本性，其稼穡非土本性也。爰亦曰也，變曰言爰，以見此異也，六府以土穀爲二，由其體異故也。」

蔡《傳》：「潤下、炎上、曲直、從革，以性言也，稼穡以德言也。潤下者，潤而又下也；炎上者，炎而又上也；曲直者，曲而又直也；從革者，從而又革也；稼穡者，稼而又穡也。稼穡獨以德言者，土兼五行，無正位，無成性，而其生之德，莫盛於稼穡，故以稼穡言也。稼穡不可以爲性也，故不曰曰，而曰爰；爰，於是也，於是稼穡而已，非所以名也。」

蘇軾：「皆其德也。水不潤下，則不能生物，故水以潤下爲德。火不炎上，則不能熟物，故火以炎上爲德。木曰曲直，謂其能從繩墨也，木不曲直，則不能棟宇，故木以曲直爲德。金曰從革，謂其能就鎔範也，金不變化，則不能成器，故金以從革爲德。土無所不用，不可以一德名，而其德盛於稼穡。不曰曰而曰爰，爰，於也；曰者，所以名也。無成名，無專氣，無定位，蓋曰於此稼穡，而非所以名之也。」（《東坡書傳》）

俞樾：「從革猶言因革也。」（《群經平議》）

陳喬樅：「喬樅攷《史記·宋世家》載此經『土曰稼穡』，不作爰字，按《爾雅·釋詁》云：『粵、於、爰，曰也。』曰、爰訓同，竝無異義，孔沖遠強爲之解，其說近泥。」（《今文尚書經說攷》）

朱駿聲：「爰，于也。土變曰爲爰者，以其吐生之五穀言，非土質也。」（《尚書古注便讀》）

按：自「水曰潤下」至「土爰稼穡」，乃言五行之性，順其勢而行，各有不同也。水、火、木、金言曰，土言爰者，曰爰音近相通也，〔註23〕《爾雅·釋詁》可證，孔穎達、蘇東坡、朱駿聲諸人強爲解說，殊爲可笑，陳喬樅之說是也。潤，澤也，漬也；炎，火光上也；從，順也；革，改更也；種之曰稼，斂之曰穡。〔註24〕《易·文言》：「水

〔註23〕曰、爰同屬爲紐，雙聲。

〔註24〕《易·繫辭上·傳》：「潤，澤也。」《廣雅·釋詁》：「潤，漬也。」《說文》：「炎，火光上也，从重火。」《禮記·樂記·注》：「從，順也。」《說文》：「革，

流濕，火就燥。」水流向低濕之地，此其性也，故曰水曰潤下。火
燄上升，此亦其性，故曰火曰炎上。木性柔靭，揉之使曲可，揉之
使直亦可，故曰土曰曲直。金可順人之銷鑠而更其本形，故曰金曰
從革。土可種植、收穫五穀，故曰土爰稼穡。

潤下作鹹，炎上作苦，曲直作酸，從革作辛，稼穡作甘。

　　僞孔《傳》：「（作鹹）水鹵所生。（作苦）焦氣之味。（作酸）木實之性。
　　（作辛）金之氣味。（作甘）甘味生於百穀。五行以下，箕子所陳。」

　　孔《疏》：「水性本甘，久浸其地，變而爲鹵，鹵味乃鹹。《說文》云：『鹵，
　　西方鹹地，東方謂之斥，西方謂之鹵。』〈禹貢〉云：『海濱廣斥』，是
　　海浸其旁地使之鹹也。〈月令〉多云：『其味鹹，其臭朽。』是也。上
　　言曰者（按：原文上作土，阮元《尚書注疏校勘記》未校，今正），言
　　其本性；此言作者，從其發見。指其體，則其體，則稱曰；致其類，
　　即言作。下五事庶徵言曰作者，義亦然也。火性炎上，焚物則焦，焦
　　是苦氣。〈月令〉夏云：『其臭焦，其味苦。』苦爲焦味，故云焦氣之
　　味也。臭之曰氣，在口曰味。木生子實，其味多酸，五果之味雖殊，
　　其爲酸一也，是木實之性然也。〈月令〉春云：『其味酸，其臭羶。』
　　是也。金之在火，別有腥氣，非苦非酸，其味近辛，故辛爲金之氣味。
　　月令秋云：『其味辛，其臭腥。』（按：原文味作位，阮元〈尚書注疏
　　校勘記〉未校，今正）是也。甘味生於百穀，穀是土之所生，故甘爲
　　土之味也。〈月令〉中央云：『其味甘，其臭香。』是也。」

　　蔡《傳》：「作，爲也。鹹、苦、酸、甘者，五行之味也。五行有聲色氣
　　味，而獨言味者，以其切於民用也。」

　　蘇軾：「五行之所作，不可勝言也。可言者，聲色臭味而已。人之用是四
　　者，惟味爲急，故舉味以見其餘也。」（《東坡書傳》）

　　胡瑗：「水性本甘，由浸漬於地，發味而爲鹹。焚物則焦，夫氣既焦，則
　　味發而爲苦。木之結實者，味成多酸。金就鎔鑄，即有腥氣，非苦非
　　酸，而近於辛者。百穀之味甘可知矣，然百穀本由土地而生也，甘者
　　實爲土味。」（《洪範口義》）

　　獸皮治去其毛曰革。革，更也。象古文革之形。」段《注》：「革更二字雙聲，
　　治去其毛是更改之義，故引申爲凡更新之用。」《詩‧皇矣‧傳》亦云：「革，
　　更也。」《詩‧伐檀‧傳》：「種之曰稼，斂之曰穡。」

江聲：「水王于冬，冬至固藏，故味鹹。鹹所以堅之也，猶五味之得鹹乃堅也。火王於夏，夏主長養，故味苦。苦者，所以養也，猶五味需苦可以養也。木王于春，春主發生，故味酸。酸所以達生也，猶五味之得酸乃達也。金王于秋，秋主殺傷成物，故味辛。辛所以殺傷之也，猶五味得辛乃委殺也。土王于四季，含載四行，有中和之性，故味甘，猶五味以甘為主也。」（《尚書集注音疏》）

按：此說五行之味也。「作」字，孔穎達氏以為「指其體，則稱曰；致其類，即言作」，說嫌空泛，近人屈萬里先生訓作為「則」，作、則雙聲，屈說可從（見屈著《尚書釋義》），唯屈氏於其《尚書今註今釋》一書中，譯本句為「往下潤濕的東西味道就鹹，往上焚燒的東西味道就苦，可曲可直的東西味道就酸，形狀任憑人改變的東西味道就辣，種植收穫的東西味道就甜」，是屈氏僅言其然，而未言其所以然也。益陽曾星笠先生著《尚書正讀》，於訓詁、辭氣二者尚稱精能，而於水火木金土分配鹹苦酸辛甘，則云「其義未明」，此亦可見其「不知為不知」之治學態度，較之不明所以而強為解說者，亦已勝矣。今綜合諸儒解說之較近實情者，試析其所以然如下：海，眾水之所歸也，以其含鹽而味鹹，故曰潤下作鹹也。火可焚物使之焦，物焦則味苦，故曰炎上作苦也，宋人胡瑗說是。木可結果，果實味多酸，故曰曲直作作酸，唐孔氏之說是。從革作辛者，較難理解，唐孔氏以為「金之在火，別有腥氣，非苦非酸，其味近辛」，胡瑗之說同，然此一望即知牽強之詞，難以置信。今人黎建寰先生云：「辛，辣也。兵刃利器，俱金屬鑄成，刺傷人時，傷口痛而熱，極似辛辣之味，故曰從革作辛。」〔註25〕在未有更佳之解說前，本編暫從此說。稼穡作甘者，百穀味甘而出於土也，故曰稼穡作甘，唐孔氏之說得其實也。《白虎通》言五味雜以陰陽讖緯之說，清儒江聲俱無所疑，復張大其說，恐不可信。

二、五事。一曰貌，二曰言，三曰視，四曰聽，五曰思。

鄭玄：「此數本諸陰陽昭明，人相見之次也。《五行傳》曰：『貌屬木，言屬金，視屬火，聽屬水，思屬土。』」（《尚書正義》引）

〔註25〕同註12。

偽孔《傳》：「（貌）容儀，（言）詞章，（視）觀正，（聽）察是非，（思）心慮所行。」

孔《疏》：「此章所演，亦爲三重，第一言其所名，第二言其所用，第三言其所致。貌是容儀，舉身之大名也，言是口之所出，視是目之所見，聽是耳之所聞，思是心之所慮，一人之上有此五事也。……此五事皆有是非，《論語》云：『非禮勿視，非禮勿聽，非禮勿言，非禮勿動。』又引《詩》云：『思無邪。』故此五事皆有是非也。此經歷言五名，名非善之稱，但爲之有善、有惡，《傳》皆以是辭釋之，貌者，言其動有容儀也；言者，道其語有辭章也；視者，言其觀正不觀邪也；聽者，受人言察是非也；思者，心慮所行，使行得中也。備於聽云『察是非』，明五者皆有是非也，所爲者爲正不爲邪也，於視不言視邪正，於聽言察是非，亦所以互相明也。」

蔡《傳》：「貌、言、視、聽、思者，五事之敘也。貌澤水也，言揚火也，視散木也，聽收金也，思通土也，亦八事發見先後之敘。人始生，則形色具矣，既生則聲音發矣，既發而後能視，而後能聽，而後能思也。」

趙善湘：「人禀天地之靈以生，出與物接，則有五事焉，貌、言、視、聽、思皆一事也，而貌、言、視、聽悉本於心思之發用，當無一不致其思也。貌而後言，言而後視，視而後聽，亦自然之敘也。」（《洪範統一》）

江聲：「人相見則先見其貌，既見則必有言，因其言則可以知其所眠（按眠乃視之古文，見《說文》）、所聽，且可以知其所思，故先貌，次言，次眠，次聽，次思。」（《尚書集注音疏》）

按：五事者，人之本能也，當指人君修身克己之道。君臨天下，所作所爲必當爲臣民之表率，若己身不正，即不能正人矣。欲正己，非敬用五事不可。五事之用，接人以貌、言，察人以視、聽，而詳人以心思，是五者皆出於人事應接，而有是五者之用也。然箕子言一日二日者，同前五行，非必有先後之序也，諸儒以之配五行，又以爲有序而不可顚倒，此皆附會文致之辭，未必箕子本意也。今細讀經文，五行、五事、八政……以至於五福六極，皆各自爲疇，不必以爲九疇之間有密切之關連也。再者，「思」字，《今文尚書》作「思心」，「思心」乃「思」之壞體也，思字從心得義，苦作「思心」，則多一贅字也。

貌曰恭，言曰從，視曰明，聽曰聰，思曰睿。

馬融：「言曰從，發言當可使從。睿，通也。」（《史記集解》引）

鄭玄：「此恭、明、聰、睿，行之於我身，其從則是彼人從我，以與上下違者，我是而彼從，亦我所爲不乖刺也。」（《尚書正義》引）「睿，通於政事。」（《詩·凱風·正義》引）

僞孔《傳》：「（貌曰恭）儼恪。（言曰從）是則可從。（視曰明）必清審。（聽曰聰）必微諦。（思曰睿）必通於微。」

孔《疏》：「此一重言敬用之事，貌戒惰容，故恭爲儼恪。〈曲禮〉曰：『儼若思』，儼是言正之貌也。恪，敬也，貌當嚴正而莊敬也。言非理則人違之，故言是則可從也。視必明於善惡，故必清澈而審察也。聽當別彼是非，必微妙而審諦也。王肅云：『睿，通也。』思慮苦其不深，故必深思使通於微也。此皆敬用使然，故經以善事明之。」

蔡《傳》：「恭、從、明、聰、睿者，五事之德也。恭者，敬也。從者，順也。明者，無不見也。聰者，無不聞也。睿，俞芮反。睿者，通乎微也。」

蘇軾：「人之生也，五事皆具而未能用也，自其始孩而貌知恭，見其父母，匍匐而就之，擎跽而禮之，是貌恭者先成也。稍長而知言語，以達其意，故言從者次之，于是始有識別，而目乃知物之美惡耳，乃知事之然否，于是而致其思，無所不至矣，故視明、聽聰、思睿者又次之。睿者，達也，窮理之謂也。」（《東坡書傳》）

朱駿聲：「恭，敬也。從，从也，順也。明，胡讀爲蒙照也。聰，察也。睿當作容，寬大包容也。」（《尚書古注便讀》）

按：曰恭，曰從，曰明，曰聰，曰睿，言五事敬用當如此也。蓋貌所以接人，不可以不恭，不恭則慢人，故貌貴乎恭。言所以明理，不可以不順從於理，否則必悖，故言貴乎從。視欲其及遠，故貴乎明。聽欲其在德，故貴乎聰。思欲其能通，故貴乎睿。睿，通也，有深明之意，《尚事大傳》作「容」，《漢書·五行志》作「睿」，此皆「睿」字之誤也。本編第三章〈洪範異文集證〉已言之。

恭作肅，從作乂，明作哲，聰作謀，睿作聖。

馬融：「從作乂，出令而從，所以爲治也。聰作謀，上聰則下進其謀。」

（《史記集解》引）

鄭玄：「皆謂其政所致也。君貌恭則臣禮肅，君言從則臣職治，君視明則臣照晢（《詩‧正義》引作「昭晢」），君聽聰則臣進謀，君思睿則臣賢智。」（《尚書正義》、《詩‧小旻‧正義》引）

僞孔《傳》：「（恭作肅）心敬，（從作乂）可以治，（明作晢）照了，（聰作謀）所謀必成當，（睿作聖）於事無不通，謂之聖。」

孔《疏》：「此一重言所致之事也。恭在貌而敬在心，人有心慢而貌恭，必當緣恭以致敬，故貌恭作心敬也。下從上則國治，故人主言必從，其國可以治也。視能清審，則照了物情，故視明致照晢也。聽聰則知其是非，從其是爲謀必當，故聽聰致善謀也。睿聖俱是通名，聖大而睿小，緣其能，通微事，事無不通，因睿以作聖也。」

蔡《傳》：「肅，乂、晢、謀、聖者，五德之用也。肅者，嚴整也。乂者，條理也。晢者，智也。謀者，度也。聖者，無不通也。」

趙善湘：「肅、乂、晢、謀、聖，修己之成德也。然肅、乂、晢、謀，皆修己之一德，而所以集大成者，作聖也。苟肅非聖之肅，乂非聖之乂，晢非聖之晢，謀非聖之謀，則必有差矣，不足以言成德也。孟子曰：『伯夷，聖之清者也；柳下惠，聖之和者也。』」（《洪範統一》）

朱駿聲：「肅，持事振敬也。乂，嬖也，治理也。晢，晣也，昭明也。謀，讓也。聖，通也。言君貌恭則臣禮肅，君言從則臣職理，君視明則臣照晢，君聽聰則臣進謀，君思容則臣賢智也。」（《尚書古注便讀》）

楊筠如：「謀，王引之謂謀、敏聲相近。《中庸》『人道敏政，地道敏樹』，鄭《注》：『敏或爲謀』，是其證也。此謀當與敏同。按王說較舊義爲勝。」（《尚書覈詁》）

按：作肅、作乂、作晢、作謀、作聖者，蓋言五事敬用能如上所言，則足以成如是之德也。肅，敬也。〔註26〕乂，治也。晢或作哲，今古文之異也。哲，智也；晢，昭明、昭晰也。本編第三章〈洪範異文集證〉已言之。謀，《說文》：「慮難曰謀，從言，某聲。」王引之有異議，王氏《經義述聞》曰：「恭與肅、從與乂、明與晢、睿與聖，義並相近，若以謀爲謀事，則與聰字義不相近，斯爲不類矣。今案

〔註26〕見《詩‧何彼襛矣‧傳》。

謀與敏同，敏古讀若每，謀古讀若媒（原註：並見《唐韻正》），謀
敏聲相近，故字相通。」王氏之前提有誤，恭與肅、明與哲、睿與
聖義並相近，此誠然，云從與乂義亦相近，則欠通矣。是謀與聰義
未必相近，焉得謂「斯爲不類」乎？聖，《說文》：「通也」。作，則
也。恭在貌而敬在心，故言恭作肅。鄭玄以恭屬君，肅爲臣，其說
非是。言能順於理，則不違禮義，其身可修治也，故言從作乂，鄭
玄以乂屬臣，其說亦非是。視明則洞達而無蔽，可以成智哲之德也，
故言明作哲。聽聰則能審諦而無惑，可以成善謀之德，故言聰作謀。
思睿則於事無所不通，故言睿作聖。夫人之行莫大乎五事，五事不
敬，則貌言視聽思失其主宰，而放僻邪侈，無所不至，天下乃亂矣。

三、八政。一曰食，二曰貨，三曰祀，四曰司空，五曰司徒，六曰司寇，
七曰賓，八曰師。

馬融：「司空掌營城郭，主空土以居民。司寇主誅寇害。」（《史記集解》
引）

鄭玄：「此數本諸其職先後之宜也。食謂掌民食之官，若后稷者也。貨掌
金帛之官，若《周禮》司貨賄是也。祀掌祭祀之官，若宗伯者也。司
空掌居民之官。司徒掌教民之官也。司寇掌詰盜賊之官。賓掌諸侯朝
覲之官，《周禮》大行人是也。師掌軍旅之官，若司馬也。」（《尚書正
義》引）

僞孔《傳》：「（食）勤農業，（貨）寶用物，（祀）敬鬼神以成教，（司空）
主空土以居民，（司徒）主徒眾，教以禮義，（司寇）主姦盜，使無縱，
（賓）禮賓客，無不敬，（師）簡師，所任必良，士卒必練。」

孔《疏》：「八政者，人主施政教於民，有八事也。一曰食，教民使勤農
業也。二曰貨，教民使求資用也。三曰祀，教民使敬鬼神也。四曰司
空之官，主空土以居民也。五曰司徒之官，教眾民以禮義也。六曰司
寇之官，詰治民之姦盜也。七曰賓，教民以禮待賓客相往來也。八曰
師，立師防寇賊，以安保民也。八政如此次者，人不食不死，食於人
最急，故食爲先也。有食又須衣貨爲人之用，故貨爲二也。所以得食
貨，乃是明靈佑之，人當敬事鬼神，故祀爲三也。足衣食，祭鬼神，
必當有所安居，司空主居民，故司空爲四也。雖有所安居，非禮義不
立，司徒教以禮義，故司徒爲五也。雖有禮義之教，而無刑殺之法，

則彊弱相陵，司寇主姦盜，故司寇爲六也。民不往來，則無相親之好，故賓爲七也。寇賊爲害，則民不安居，故師爲八也。此用於民緩急而爲次也。食、貨、祀、賓、師，指事爲之名，三卿舉官爲民者，三官所主事多，若以一字爲名，則所掌不盡，故舉官名以見義，鄭玄云：（前已引，茲略），王肅云：『賓，掌賓客之官也』，即如鄭、王之說，自可皆舉官名，何獨三事舉官也？八政主以教民，非謂公家之事，司貨賄掌公家貨賄，大行人掌王之賓客，若其事如《周禮》，皆掌王家之事，非復施民之政，何以謂之政乎？且司馬在上，司空在下，今司空在四，司馬在八，非取職之先後也。」

蔡《傳》：「食者，民之所急。貨者，民之所資，故食爲首而貨次之，食貨所以養生也。祭祀所以報本也。司空掌土，所以安其居也。司徒掌教，所以成其性也。司寇掌禁，所以治其姦也。賓者，禮諸侯遠人，所以往來交際也。師者，除殘禁暴也。兵非聖人之得已，故居末也。」

蘇軾：「食爲首，貨次之，祀次之。食貨所以養生，而祀所以事死也，生死之理得，則司空定其居，居定而後可教，既教而後可誅，故司空、司徒、司寇次之。所以治民者至矣，然後治諸侯，治諸侯莫若禮，所以賓之者備矣，而猶不服，則兵可用，故賓而後師。」（《東坡書傳》）

趙善湘：「凡是八者，皆養民之急務，不可或闕也。本末先後亦有其敘，先儒言之詳矣。」（《洪範統一》）

江聲：「食貨之等，鄭必皆以官言之者，以言八政政事，必各有官司之，經或舉事，或舉官，互相備也。鄭于三官各舉其事，與食貨等各舉掌之之官，與經互相發明，誼甚精當，孔穎達駁之，非也。」（《尚書集注音疏》）

按：食、貨、祀、司空、司徒、司寇、賓、師八者，皆治術之先務，缺一不可也。先儒言五行、五事之順序，莫不強爲解說，言此八政之順序，則見其持之有故，言之成理也，此尤以唐孔氏之說爲然，唯孔氏之駁鄭說，則未見深思，鄭玄解八政皆稱舉官名者，乃以《周禮》之官名爲八政之例證，與經義不相悖，孔氏駁之，非也，宜乎清儒江艮庭不以其說爲然也。食者，務農重穀之政也，如井田補助

之政而已，天子必設掌民食之官以司此職也。貨者，阜通貨財之政
也，如懋遷有無化居之類是也，天子必設掌財貨之官以司此職。祀
者，報本反始之政也，社稷、宗廟、山川，以至大夫、公卿、士庶，
莫不祭其先人之類也，天子必設掌祭祀之官以司此職。司空者，度
土居民之政也，如辨方正位，體國經野，使士農工商各得其所之類
是也，天子必設掌民土地居處之官以司此職。司徒者，教民使知禮
義之政也，如學校選舉之類是也，天子必設教民之官以司此職。司
寇者，立法懲奸之政也，如五刑之屬是也，天子必設掌詰盜賊之官。
賓者，交際酬酢之政也，如送往迎來之類是也，天子必設掌諸侯朝
覲之官，以司此職。師者，寓兵於農，以修武備之政也，如鄉遂教
閱之法耳，天子必設掌軍旅之官以司其職。此八者皆爲國之急政，
而又可大別爲三類：食、貨、祀爲一類，此三政者，乃國家行政之
基本，亦天子統治天下之要政也。司空、司徒、司寇三官爲一類，
此乃三政以次之重要國政也，天子須時時監督之以責其成也。賓、
師爲一類，前者在禮賓，後者在安民，此又官之次也。

四、五紀：一曰歲，二曰月，三曰日，四曰星辰，五曰歷數。

　　馬融：「星，二十八宿。辰，日月之所會也。」（《史記集解》引）

　　鄭玄：「星，五星也。」（《史記集解》引）〔註27〕

　　僞孔《傳》：「（歲）所以紀四時。（月）所以紀一月。（日）紀一日。（星
　　　辰）二十八宿迭見，以敘氣節，十二辰以紀日月所會。歷數，節氣之
　　　度以爲歷，敬授民時。」

　　孔《疏》：「五紀者，五事爲天時之經紀也。一曰歲，從冬至以及明年冬
　　　至爲一歲，所以紀四時也。二曰月，從朔至晦，大月三十日、小月二
　　　十九日，所以紀一月也。三曰日，從夜半以至明日夜半，同十二辰爲
　　　一日，所以紀一日也。四曰星辰，星謂二十八宿，昏明迭見。辰謂日
　　　月別行，會於宿度，從子至於丑爲十二辰。星以紀節氣早晚，辰以紀
　　　日月所會處也。五曰歷數，籌日月行道所歷，計氣朔早晚之數，所以
　　　爲一歲之歷。凡此五者，皆所以紀天時，故謂之五紀也。五紀不言時
　　　者，以歲月氣節正而四時亦自正，時隨月變，非歷所推，故不言時也。

〔註27〕孫星衍云：「《周禮・大宗伯・疏》謂鄭于〈堯典〉、〈洪範〉皆星辰合釋，則
　　　此注疑非。」見孫氏輯：《古文尚書馬鄭注》，《岱南閣叢書》本。

五紀爲此節者，歲統月、月統日，星辰見於天，其曰歷數，歷四者，故歲爲始，歷爲終也。二十八宿布於四方，隨天轉運，昏明迭見，〈月令〉十二月，皆紀昏旦所中之星，若〈月令〉：孟春昏參中，旦尾中。仲春昏弧中，旦建星中。季春昏七星中，旦牽牛中。孟夏昏翼中，旦婺女中。仲夏昏亢中，旦危中。季夏昏心中，旦奎中。孟秋昏建星中，旦畢中。仲秋昏牽牛中，旦觜中。季秋昏虛中，旦柳中。孟冬昏危中，旦七星中。仲冬昏東壁中，旦軫中。季冬昏婁中，旦氐中，皆所以敘氣節也。氣節者，一歲三百六十五日有餘，分爲十二月，有二十四氣，一爲節氣，謂月初也，一爲中氣，謂月半也，以彼迭見之星，敘此月之節氣也。《昭七年·左傳》晉侯問士文伯曰：『多語寡人辰而莫同，何謂也？』對曰：『日月之會，是謂辰。』會者，日行遲，月行疾，俱循天度而右行，二十九日過半月行一周天，又前及日而與日會，因謂會處爲辰，則月合孟春日在營室，仲春日在奎，季春日在胃，孟夏日在婁，仲夏日在東井，季夏日在柳，孟秋日在翼，仲秋日在角，季秋日在房，孟冬在尾，仲冬日在斗，季冬日在婺女，十二會以爲十二辰，辰即子丑寅卯之謂也，十二辰所以紀日月之會處也。鄭以爲星五星也，然五星所行，下民不以爲候，故《傳》不以星爲五星也。天以積氣無形，二十八宿分之爲限每宿各有度數，合成一百六十五度有餘，日月右行，循此宿度，日行一度，月行十三度有餘，二十九日過半，而月一周，與日會，每於一會，謂之一月，是一歲爲十二月仍有餘十一日，爲日行天未周，故置閏以充足，若均分天度以爲十二次，則每次三十度有餘，一次之內，有節氣中氣，次之所管其度多，每月之所統其日入，月朔參差不及。節氣不得在月朔，中氣不得在月半，故聖人歷數此節氣之度，使知氣所在，既得氣在之日，以爲一歲之歷，所以敬授民時。王肅云：『日月星辰所行，布而數之，所以紀度數。』是也。歲、月、日、星、《傳》皆言紀，歷數不言紀者，歷數數上四事爲紀，所紀非獨一事，故《傳》不得言紀，但成彼四事爲紀，故通數以爲五耳。」

蔡《傳》：「歲者，序四時也。月者，定晦朔也。日者，正躔度也。星，經星、緯星也。辰，日月所會十二次也。曆數者，占步之法，所以紀歲月日星辰也。」

蘇軾：「歲，星所次也。月，所躔也。日，所在也。星，二十八宿。辰，十二次也。星辰者，歲月日之所行也。此四者所以授民時也。以歷授

民時，則并彼四者爲一矣，豈復與彼四者列而爲五哉？以是知歷者授
民時者也。數者，如陽九百六之類，聖人以是前知吉凶者也。《書》曰：
『天之歷數在爾躬』。」（《東坡書傳》）

呂柟：「歷雖人之所作，然實在天自然之事而成也。若歲、月、日、星辰
者，雖天之所示，然實在人已然之推步而定也。天人之際，不甚相遠
矣。夫此五紀不言象，又知堯歷象之象非器也。」（《尚書說要》）

孫星衍：「歲者，《白虎通・四時》云：『遂也』，三百六十六日一周天，
萬物畢成，故爲一歲也。……月者，《釋天》有月陽月名，《書・疏》
云：『月從朔至晦，大月三十日，小月二十九日』是也。日者，高氏注
《呂氏春秋》云：『從甲至癸也』，《淮南・天文訓》云：『禹以爲朝晝
昏夜，晝者，陽之分；夜者，陰之分。是以陽氣盛，則日脩而夜短；
陰氣盛，則日短而夜脩。』（按：《淮南・天文訓》「禹以爲朝晝昏夜」
下當接「夏日至」等二十八字，然後始接「晝者陽之分」句，孫氏蓋
省之）又案《大傳》云：『夏以十三月爲正，色尚黑，以平旦爲朔。殷
以十二月爲正，色尚白，以雞鳴爲朔。周以十一月爲正，色尚赤，以
夜半爲朔。』然則三代分日夜，各從其正。《書・疏》云：『從夜半以
至明，日夜半周，十二辰爲一日。』非古義也。星辰者，星謂二十八
宿，辰當謂辰會謂十二辰會。《說文》：『日月合宿爲辰會。』……《春
秋左氏・昭七年傳》，士文伯曰：『日月之會是謂辰』是也。歷數者，
歷如五帝本紀，歷日月而迎送之。〈釋詁〉云：『歷，相也。』相與象
通。數如《算經》云：『黃帝爲法，數有十等』，《漢書・律曆志》云：
『迺定東西，立晷儀，下漏刻，以追二十八宿，相距于四方，舉終以
定晦朔分至，躔離弦望。』《注》：『臣瓚曰：「案：離，歷也。日月之
所歷也。」』志又云：『方士唐都分天部，而落下閎運算轉歷。』〔註28〕
則知歷象日月爲天爲占驗之法，數爲算法也。」（《尚書今古文注疏》）

按：歲、月、日、星辰、歷數五者，皆人事之經紀，人之欲考合天時者，
必協用此五者也。唐孔氏以爲五紀乃「天時之經紀」，此說實誤，蓋
五紀之本在天，其用則在人也。凡歲、月、日、星辰、歷數，皆所

〔註28〕《史記・曆書》載「招致方士唐都，分其天部，而巴落下閎運算轉曆」，《漢
書・律曆志》載「凡二十餘人，方士唐都、巴郡落下閎與焉。都分天部，而
閎運算轉曆」。孫氏蓋隱括其說，非迻錄原文也。

以資人識別時日之先後次第也，故云「人事之經紀」也。歲者，自今年冬至，至明年冬至為一歲也，亦即今之所謂一年也。〈堯典〉：「朞三百六旬有六日，以閏月定四時成歲。」地球繞日一周（古人謂日繞地），需三百六十五又四分之一日，〈堯典〉舉成數言之。三百六十五又四分之一日者，即是一歲也。月者，從朔至晦，月三十日，小月二十九日也。月繞日一周，需二十九日餘，故月有大盡（三十日）、小盡（二十九日）之別，合大小盡每年以十二月計之，全年僅得三百五十四、五日，較地球繞日之實數，相差十日餘，故必以閏月補足之，〈堯典〉云「以閏月定四時成歲」是也。日者，唐孔氏云：「從夜半以至明日夜半，周十二辰為一日」，此係據周曆之說，夏則以平旦為朔，殷則以雞鳴為朔，《大傳》有言也。〈洪範〉箕子口述，周史記錄，以殷曆或周曆釋「日」，皆無關宏旨，蓋箕子旨在強調五紀之重要耳。星者，馬融、偽孔以為二十八宿，鄭玄以五星，五星即是五緯也，〔註29〕蔡沈以為經星、緯星，經星者，謂三垣、二十八宿及五帝軒轅、北斗諸座；緯星者，謂金、木、水、火、土五星也。欲定上述各家孰是孰非實難，蓋用考靈燿及《淮南・天文訓》、《史記・曆書》、《天官書》、《漢書・律曆志》等引證，皆難以確知此星之所指，今之天文學雖密，與古不同，亦不足為《經證》，今人黎建寰先生援《禮記・月令》之說，判定蔡說為是，〔註30〕然〈月令〉可謂依陰陽五行說設計之「〈王制〉」，〔註31〕能否據以言三代曆法，未可遽知，故吾人但知三代重視觀測天象，以授民時即可（按：〈堯典〉有「乃命羲和，欽若昊天；曆象日月星辰，敬授人時」之記載）。辰者，日月之所會也，《周禮・春官・馮相氏》曰：「掌十有二歲，十有二月，十有二辰、十日、二十有八星之位，辨其敘事，以會天位。」十二辰即子、丑、寅、卯、辰、巳、午、未、申、酉、戌、亥之謂也，十二辰所以紀日月會處也。歷者，厤之借字，《說文》：「厤，治也。」厤數者，謂治日月星辰之數也，今多作曆數，即今之所謂曆法算數是也。

〔註29〕五緯者，金、木、水、火、土五星也，見《周禮・大宗伯・鄭注》。
〔註30〕同註12。
〔註31〕此處依王師夢鷗之說，見《禮記今註今譯》，臺灣商務印書館出版。

五、皇極：皇建其有極，斂時五福，用敷錫厥庶民。惟時厥庶民于汝極，
　　錫汝保極。

馬融：「當斂是五福之道，用布與眾民。以其能斂是五福，故眾民于汝取
　　中正以歸心也。」（《史記集解》引）

鄭玄：「錫汝保極，又賜汝以守中之道。」（《史記集解》引）

僞孔《傳》：「大中之道，大立其有中，謂行九疇之義。斂是五福之道，
　　以爲教用，布與眾民，使慕之。君上有五福之教，眾民於君取中，與
　　君以安中之善，言從化。」

孔《疏》：「皇，大也。極，中也。施政教治下民，當使大得其中，無有
　　邪僻，故演之。……五福生於五事，五事得中，則福報之，斂是五福
　　之道，指其敬用五事也。用五事得中，則各得其福，其福乃散於五處
　　不相集聚。若能五事皆敬，則五福集來歸之，普敬五事，則是斂聚五
　　福之道，以此敬五事爲教，布與眾民，使眾民勸慕爲之。福在幽冥，
　　無形可見，敬用五事，則能致之，斂是五福，正是敬用五事。不言敬
　　用五事以教，而云斂是五福以爲教者，福是善之見者，故言福以勸民，
　　欲其慕而行善也。……保訓安也，既學得中，則其心安之。君以大中
　　教民，民以大中嚮君，是民與君皆以大中之善，君有大中，民亦有大
　　中，言從君化也。」

蔡《傳》：「皇，君；建，立也。極猶北極也，極，至極之義，標準之
　　名，中立而四方之所取正焉者。言人君當盡人倫之至，語父子，則
　　極其親，而天下之爲父子者，於此取則焉。語夫婦，則極其別，而
　　天下之爲夫婦者，於此取則焉。語兄弟，則極其愛，而天下之爲兄
　　弟者，於此取則焉。以至一事一物之接，一言一動之發，無不極其
　　義理之當然，而無一毫過不及之差，則極建矣。極者，福之本，福
　　者極之效，極之所建，福之所集也。人君集福於上，非厚其身而已，
　　用敷其福，以與庶民，使人人觀感而化，所謂敷錫也。當時之民，
　　亦皆於君之極與之保守，不敢失墜，所謂錫保也。言皇極，君民所
　　以相與者如此也。」

郝敬：「皇，大也，君也。《詩》云：『皇矣上帝』，子云：『大哉！堯之爲
　　君。蕩蕩乎！唯天爲大，唯堯則之。莊周所謂『無門無旁，四達之皇
　　皇』是也。極，至也。《易》曰：『至哉坤元』，子云：『中庸其至矣』，

言極至無以加也。極心爲中，中本無中，心自無心，故曰大。《禮》云：
『喜怒哀樂未發謂中』，中者，大極自然之名，故《易》有大極。極即
中，中斯大，天子爲世教名物宗主，大建其道，無人我，無適莫，允
執厥中，以爲民極。」（《尚書辨解》）

按：皇極字舊有二訓，《漢書‧五行志》謂皇，君也；極，中也。僞孔謂
皇，大也；極，中也。由金文觀之，僞孔訓皇爲大，斯得古義，本
章前已有說，茲不贅。唯就皇極一疇之內容而言，釋皇爲君雖係後
起義，用於此則尙貼切，以皇極一疇乃言建立君權之法則也。箕子
陳九疇，其八皆詳言其目，然後言其用爲如何，獨皇極一疇不言其
目，而直言皇建其有極者，蓋皇極之道不過曰中，不必廣立條目，
所以直言其用也。斂，聚也；時，是也，經文是字多作時；用，以
也，王引之《經傳釋詞》有言。敷，敓也，即布施之施，說見《說
文》。錫，賜也，與也。保，守持也。朱駿聲「《便讀》」有說此言建
立君權之法則如下，聚集五福（按：五福之內容另闢一疇）普施於
庶民，使民共享五福。惟有如此，庶民始能取法於汝，與汝共守此
大中之道也。

**凡厥庶民，無有淫朋，人無有比德，惟皇作極。凡厥庶民，有猷有爲有守，
汝則念之。不協于極，不罹于咎，皇則受之。**

馬融：「凡其眾民有謀、有爲、有所執守，當思念其行有所趣舍也。」（《史
記集解》引）

僞孔《傳》：「民有安中之善，則無淫過朋黨之惡、比周之德，爲天下皆
大爲中正。民戢有道，有所爲、有所執守，汝則念錄敍之。凡民之行，
雖不合於中，而不罹于咎惡，皆可進用大法受之。」

孔《疏》：「民有安中之善，非中不與爲交。安中之人，則無淫過朋黨之
惡，無有比周之德。朋黨比周是不中者，善多惡少，則惡亦化而爲善，
無復有不中之人，惟天下皆大爲中正矣。戢，斂也；因上斂是五福，
故《傳》以戢言之。戢文兼下三事，民能斂德行智，能使其身有道德，
其才能有所施爲，用心有所執守，如此人者，汝念錄敍之，宜用之爲
官也。有所爲，謂藝能也；有執守，謂得善事，能守而勿失，言其心
正不逆邪也。不合於中，不罹於咎，謂未爲大善，又無惡行，是中人

已上，可勸勉有方將者也，故皆可進用，以大法受之。大法，謂用人之法，取其所長，棄瑕錄用也。上文人君以大中教民，使天下皆為大中，此句又令不合於中，亦用之者，上文言設教耳，其實天下之大兆，民之眾不可使皆合大中，且庶官交曠，即須任人，不可待人盡合大中然後敘用，言各有為不相妨害。」

蔡《傳》：「淫朋，邪黨也。人，有位之人。比德，私相比附也。言庶民與有位之人，而無淫朋比德者，惟君為之極，而使之有所取正耳。重言君不可以不建極也。有猷，有謀慮者；有為，有施設者；有守，有操守者。是三者君之所當念也，念之者，不忘之也，帝念哉之念。不協于極，未合于善也；不罹于咎，不陷于惡也。未合于善，不陷于惡，所謂中人也，進之則可與為善，棄之則流于惡，君之所當受也。受之者，不拒之也，歸斯受之之受。念之、受之，隨其才而輕重以成就之也。」

蘇軾：「有猷者，有謀慮者也；有為者，有材力者也；有守者，有節守者也；皆可與作極者也，汝則念之勿忘也。雖不協于極，而未麗于惡者，汝則受之勿棄也。」（《東坡書傳》）

趙善湘：「此以下言凡者，皆其條目也。庶民之無淫朋無比德，惟在於一人作極也。」（《洪範統一》）

江聲：「人謂臣也，凡其眾民無有淫佚為朋攩者，臣無有比周為惠者，維君為中道以示之則故也。離，麗；皇，大也；則，法也。言民之行雖不合于中，而亦不麗于咎惡，是其人可教之，使合于中者，當寬大其法以受之。」（《尚書集注音疏》）

按：此續申皇極之義。經文「罹」字，清儒異說極多，本編第三章〈洪範異文集證〉已論述之，茲不贅。罹本義為「憂」，此借作離，離者，遭也。〔註32〕又「皇則受之」亦有二說，一則訓皇為大，則為法，偽孔與清儒江聲皆主是說；一則訓皇為君，以則為副詞，主此說者不勝枚舉也。金文皇字有盛大光美意，此前已言之，故偽孔與清江氏之說可從，亦即「皇則受之」前省略一主詞——「汝」也。而偽孔與江氏聲之說亦有異者，皇字雙方皆訓大，唯偽孔以皇為形容詞，

〔註32〕見《史記·屈原傳》應劭《注》。

亦即皇字前非僅省略主詞，亦省略動詞——「用」也，皇則受之者，汝可進用大法受之也。江氏聲以皇爲動詞，故言「（汝）當寬大其法以受之」也；此說雖通，然金文皇字似無作動詞用者，此可由《詩經》得知，故仍以僞孔說爲勝。〔註33〕至如訓皇爲君者，以君爲皇之後起義，故須假設此皇字本作「王」，後人因見皇極字，而妄改「王則受之」爲「皇則受之」，然後其說可通，唯今僅可證《尚書大傳‧洪範五行傳》之「爰用五事，建用王極」，王極爲皇極之誤（見本編第三章〈洪範異文集證〉），而無以證經文「皇則受之」爲「王則受之」之誤也，是以本句仍以僞孔之訓爲長。淫朋，邪黨也，〔註34〕宋蔡氏之說是。人與民對文，謂官吏。比者，阿黨也，見《論語‧孔注》。德，行爲也。〔註35〕猷，謀也，見《爾雅‧釋詁》。爲，作爲也。〔註36〕，操守也。念，常思也，見《說文》。此言凡是民眾，皆無邪惡之黨派，官吏亦無阿黨之行爲，如此則天下皆大爲中正矣。（若皇字本作「王」，則其意爲一切以君王爲標準則，此說亦甚通）凡我眾民，有謀慮者，有作爲者，有操守者，汝則常思以起用之也。（僞孔《傳》云「民戢有道」，唐孔氏訓戢爲斂，此說極牽強，宋岳珂《九經三傳沿革例》云：「戢字止是一或字，傳寫誤作戢耳，《疏》義強釋作斂戢之戢。」阮元〈尚書注疏校勘記〉引岳氏之說，然亦不敢改戢爲或，要之，此戢字雖非必或字之誤，然必傳寫之誤字，當可肯定也）民眾之行爲若不合於標準法則，亦不陷於惡者，汝則可進用大法容納之，以是輩中人，進之可使爲善，退之可使爲惡也。

而康而色，曰：『予攸好德』，汝則錫之福，時人斯其惟皇之極。無虐煢獨，而畏高明。

馬融：「高明，顯寵者，不枉法畏之。」

僞孔《傳》：「汝當安汝顏色，以謙下人，人曰：『我所好者德』，汝則與之爵祿。不合於中之人，汝與之福，則是人此其惟大之中，言可勉進。

〔註33〕《詩經》皇字凡四十五見（見《毛詩引得》，哈佛燕京社出版），無作動詞用者。

〔註34〕淫，邪也，見《國語‧晉語‧韋昭注》。朋，黨也，見《離騷‧王逸注》。

〔註35〕《周禮‧大司樂‧注》曰：「德，能躬行者。」

〔註36〕《禮記‧祭法‧注》：「爲，作也。」

煢，單無兄弟也；無子曰獨。單獨者，不侵虐之；寵貴者，不枉法畏
之。」

孔《疏》：「此經或言時人德，鄭、王諸本皆無德字，此《傳》不以德爲
義，定本無德，疑衍字也。《詩》云：『獨行煢煢』，是爲單，謂無兄弟
也。無子曰獨，〈王制〉文。高明與煢獨相對，非謂才高，知寵貴之人
位望高也。不枉法畏之，即《詩》所謂不畏強禦是也。此經皆是據天
子無陵虐煢獨，而畏避高明寵貴者，顧氏亦以此經據人君，小劉以爲
據人臣，謬也。」

蔡《傳》：「見於外而有安和之色，發於中而有好德之言，汝於是則錫之
以福，而是人斯其惟皇之極矣。福者，爵祿之謂，或曰錫福即上文斂
福錫民之福，非自外求也。曰：祿亦福也，上文指福之全體而言，此
則爲福之一端而發，苟謂非錄之福，則於下文『于其無好德，汝雖錫
之福，其作汝用咎』爲不通矣。煢獨，庶民之至微者也；高明，有位
之尊顯者也，各指其甚者而言。庶民之至微者有善，則當勸勉之；有
位之尊顯者有不善，則當懲戒之。」

呂枏：「煢獨有惡亦當懲，特易至於虐耳；高明有善亦當勸，特易至於畏
耳。漢孔氏曰：『煢，單無兄弟也。』大抵無依賴貧困之人耳。」（《尚
書說要》）

江聲：「而，女；康，安也。女其安和女之顏色，以宣示人曰：『我所好
者德。』使明知上之所好而從之，庶能叶于極也，夫然後女則予之以
爵祿，則是人斯期勉于君之極矣。一讀畏如威，言威以御之也。」（《尚
書集注音疏》）

孔廣森：「《爾雅》曰：『康，虛也。』而，汝也，汝，武王也。汝當謙其
容色，虛以受人，曰：『予一人所好唯德』。有德者，則錫福隨之。」（《經
學厄言》）

俞樾：「下而字訓女，上而字不訓女，乃語詞也。此句承上文皇則受之而
言，皇則受之，而康而色，言不但受之，而又當和女之顏色以受之也。
康之義爲安，故亦爲和，《史記・樂書正義》曰：『康，和也。』枚《傳》
因皇則受之與上文女則念之相對，念之下更無他文，則受之下亦不得
箸此四字，乃以此四字屬下爲義，其所見殊泥矣。」（《群經平議》）

段玉裁：「《釋文》曰：『畏如字，徐云：鄭音威。』玉裁按：此蓋據鄭《注》以得其音，鄭義蓋以古威畏同字，威高明，謂恐嚇高明以示威，與馬、孔之說異。」（《古文尚書撰異》）

按：此續申皇極之義。而康而色句，兩而字何所指，歷來注家之言不一。上而字，能也，見《呂氏春秋‧去私‧注》，王引之《經傳釋詞》、近人屈萬里、黎建寰先生主之。下而字，其也。依此則而康而色之主詞乃庶民，言庶民有能安其色，曰：「予所好者，德也」者，汝當賜之以福也。或訓而爲汝，此說又可大別爲二，僞孔、清儒江聲、孔廣森俱以兩而字皆訓汝，俞曲園則以爲下而字訓汝，上而字不訓汝，乃語詞也，此兩說雖有小異，要皆以武王爲主詞也。今細品經文，知上凡厥庶民之行爲尚未述畢，下曰予攸好德亦係針對庶民而言，則此「而康而色」之主詞自當爲庶民也。「時人斯其惟皇之極」句亦有待一提，僞孔訓此爲「是人此其惟大中之中」，此係逐字譯之，其義略嫌含混。孔穎達釋之爲「是人此其惟爲大中之道」，其義則明晰矣。然瑞典高本漢氏以爲經文此句無動詞，孔《疏》之「爲」字乃隨意增添，因譏其不當，而高本漢氏亦知此句若無動詞，則其義欠通，遂不得不以「惟」字爲動詞，而譯本句爲「這些人於是就是思想那尊貴者（君王）的正道」。〔註37〕今按高氏解《尚書》之法流於呆板，《書經》文字之精簡，於群經中爲第一，其文或省略主詞，或省略動詞，當皆無足爲異，「時人斯其惟皇之極」句無動詞，並無害於其義，高氏強以惟爲思維之維，惟、維兩字古固可互訓，以此惟爲思維，其義終覺扞格難通矣，故仍以孔《疏》之解爲是。若皇字本作王，則皇當訓君，之訓是，本句義則爲「民眾當惟依從君之法則」，此說亦通。嫠者，無兄弟；獨者，老而無子也；此當泛指一切孤獨無依之人。畏者，畏懼也，鄭以爲威嚇字，其義殊欠通，仍以馬氏、僞孔之說爲然。此言嫠獨之人，雖庶民之至微者，無惡，則不可虐害之；高明顯寵之士，有不善，則不可枉法畏避之也。屈萬里先生《尚書釋義》以敬爲敬畏，高明爲明智之人，似仍未諦。

〔註37〕見陳舜政譯：《高本漢書經注釋》，上冊，中華叢書編審委員會印行。

人之有能有為，使羞其行，而邦其昌。凡厥正人，既富方穀，汝弗能使有好于而家，時人斯其辜。于其無好德，汝雖錫之福，其作汝用咎。

鄭玄：「無好于汝家之人，雖錫之以爵祿，其動作為女用惡，謂為天子結怨于民。」（《史記集解》引）

王肅：「使進其行，任之以政，則國為之昌。」（《史記集解》引）

偽孔《傳》：「功能有為之士，使進其所行，汝國其昌盛。凡其正直之人，既當以爵祿富之，又當以善道接之。不能使正直之人有好於國家，則是人斯其詐取罪而去。於其無好德之人，汝雖與之爵祿，其為汝用惡道，以敗汝善。」

孔《疏》：「此又言用臣之法，人之在位者，有才能、有所為，當褒賞之，委任使進其行，汝國其將昌盛也。凡其正直之人，既以爵祿富之，又復以善道接之，使之荷恩益力；汝若不能使正直之人有好善於汝國家，是人於此其將詐取罪而去矣。於其無好德之人，謂性行惡者，汝雖與之福，賜之爵祿，但本性既惡，必為惡行，其為汝臣，必用惡道，以敗汝善，言當任善而去惡。」

蔡《傳》：「此言有位者也。有能，有才智者；羞，進也。使進其行，則官使者皆賢才，而邦國昌盛矣。正人者，在官之人，如《康誥》所謂『惟厥正人』者；富，祿之也；穀，善也。在官之人，有祿可仰，然後可責其為善；廩祿不繼，衣食不給，不能使其和好于而家，則是人將陷於罪戾矣。于其不好德之人，而與之以祿，則為汝用咎惡之人也。此言祿以與賢不可及惡德也，必富之而後責其善者，聖人設教，欲中人以上皆可能也。」

趙善湘：「五福之二曰富，既富以祿，而不忠於國，為時罪人矣。主雖欲錫之福，彼不知攸好德，適足以為累也。」（《洪範統一》）

呂祖謙：「凡人有能有為，即使之陳其所行，以獲用於上，如此則邦日至於昌盛。凡純正之人，既道德純備，方進進充實斯人也。汝若不能使有好于而家，則時人斯其辜。天生先知先覺，蓋欲其覺後知後覺也，若不置於人上，是不能使有好于而家，正人既不用，則時人必受其辜。儻無好德之人，君彊錫以福，其作汝用咎，如後世人君以為君有廣大包容之道，不別君子小人，兼包并容，及其後也，薰

猶雜處，賢否混淆，非獨彼有罪咎，亦我自作其咎也。」（《增修東萊書說》）

劉光蕡：「庶民有善，天子何以知之如是之詳？政即是教，路寢即是學校，天子即是師，以君知民，實以師知其弟子也。按人之有能有爲，既不指在位之人，則此亦是指庶民，以下文屢指庶民也，則既富方穀當指君所錫之福，不必指官祿也。用無德之人，即爲君之咎，人君以安民爲職，民之不安，皆其用人之不當也。」（《尚書微》）

江聲：「既，盡也；方猶常也；穀，祿也。凡其正人，盡當富之以常祿，則可使人勸于善，而有好于女家矣。乃若女不能使之有好于女家者，是人斯爲皋惡之人。」（《尚書集注音疏》）

王引之：「正，長也；正人，爲長之人也。自人之有能有爲以下，皆謂爲卿大夫者，《傳》解爲正直之人，失之。」（《經義述聞》）

按：此續甲皇極之義。羞，進獻，見《說文》。其，乃也，《經傳釋詞》有言。正人，僞孔《傳》解爲正直之人，蔡傳以爲在官之人，蔡氏之說是，《康誥》曰：「惟厥正人」，亦謂在官之人，與此正同。方，猶常也。義見《禮記・檀弓》鄭《注》。穀，祿也，見《詩・天保傳》。「于其無好」下當無德字，說見本編第三章〈洪範異文集證〉。咎，災也，見《說文》。此言人之有才能、有作爲者，汝當使其進獻其所爲，如此則國家乃可昌盛也。（近人屈萬里先生《尚書釋義》釋「而」爲汝，而邦其昌者，汝國其昌也，此說亦通。）凡是在官之人，既然已富之以常祿，汝不能使是輩有貢獻於（汝）國家，如此則罪在是輩也。（「有好于而家」之而字，唯訓汝方可通。又今人黎建寰先生《尚書周書攷釋》釋「既」爲盡，然先儒均以「既」爲既然，不以爲另有他義，而以「既」爲既然，文義可通，訓「既」爲盡，又不見其長，如此則吾人當無理由可棄舊說也。）至於無善行之士，汝雖賜之福祿，其所作所爲，當使汝受其咎。（按「其作汝用咎」一語之義，言人人殊，此處係從吳汝綸《尚書故》及屈先生《尚書釋義》之說。鄭玄釋之爲「其動作爲女用惡」，以用爲「使用」，其說亦通。蔡《傳》云：「爲汝用咎惡之人」，此係以惡爲惡人，說當非是。）

無偏無陂,遵王之義;無有作好,遵王之道;無有作惡,遵王之路。無偏無黨,王道蕩蕩;無黨無偏,王道平平;無反無側,王道正直。會其有極,歸其有極。

馬融:「好,私好也。反,反道也。側,傾側也。」(《史記集解》引)

鄭玄:「黨,朋黨。會其有極,謂君也,當會眾有中之人以為臣也。歸其有極,謂臣也,當就有中之君而事之。」(《史記集解》引)

僞孔《傳》:「偏,不平;陂,不正。言當循先生之正義以治民。(「無有作好」句)言無有亂為私好惡,動必循先王之道路。(「無偏無黨」句)言開闢。(「無黨無偏」句)言辯治。(「無反無側」句)言所行無反道不正,則王道正直。(「會其有極」句)言會其有中而行之,則天下皆歸其有中矣。」

孔《疏》:「更言大中之體。為人君者,當無偏私、無陂曲,動循先王之正義;無有亂為私好,謬賞惡人,動循先王之正道;無有亂為私惡,濫罰善人,動循先王之正路。無偏私,無阿黨,王家所行之道蕩蕩然開闢矣;無阿黨,無偏私,王者所立之道平平然辯治矣;所行無反道,無偏側,王家之道正直矣。所行得無偏失,皆正直者,會其有中之道而行之,若其行必得中,則天下歸其中矣,言人皆謂此人為大中之人也。」

蔡《傳》:「偏,不中也;陂,不平也。作好作惡,好惡加之意也。黨,不公也;反,倍常也;側,不正也。偏陂好惡,己私之生於心也;偏黨反側,己私之見於事也。王之義,王之道,王之路,皇極之所由行也。蕩蕩,廣遠也;平平,平易也;正直,不偏邪也。皇極,正大之體也;遵義,遵道,遵路,會其極也;蕩蕩,平平,正直,歸其極也。會者,合而來也;歸者,來而至也。此章蓋詩之體,所以使人吟詠而得其情性者也。夫歌詠以叶其音,反復以致其意,戒之以私,而懲創其邪思;訓之以極,而感發其善性;諷詠之間,怳然而悟,悠然而得,忘其傾斜狹小之念,達乎公平廣大之理,人欲消熄,天理流行,會極歸極,有不知其所以然而然,其功用深切,與《周禮》太師教以六詩者,同一機而尤要者也,後世此意不傳,皇極之道,其不明於天下也宜哉!」

王引之：「(會其有極) 有，語助也。一字不成詞，則加有字以配之。」(《經傳釋詞》)

馬浮：「會者，會通；歸者，歸趣。一致而百慮，故曰會其有極；殊途而同歸，故曰歸其有極。」(《洪範約義》)

吳闓生：「極言皇極告成天下大同之效，反復詠歎，以暢厥旨。至於會其有極，歸其有極，則郅治之隆，千古所不可覯之盛世矣。」(《尚書大義》)

按：此續申皇極之義，言人君所以建極之道當如此。陂，蔡邕石經及《尚書》舊本皆作頗，唐玄宗詔改作陂，見本編第三章〈洪範異文集證〉。《說文》：「偏，頗也。」是偏、頗同義，不正之謂也。遵，循也；循，行也。亦見《說文》。義，法也。〔註38〕好，私好也，馬融之說是，《呂氏春秋》高誘《注》曰：「好，私好，謂公平於曲惠也。」謂市私恩，曲意以行惠也。今人黎建寰先生以為私好者，若《左傳・昭三年》言齊陳氏以家量貸，而以公量收之是，亦若《史記・田敬仲完世家》言田常相簡公，以大斗出貸，以小斗收，齊人歌之之事是，〔註39〕黎氏之說是也。道，法也。〔註40〕路與道同，亦有法義，《孟子・告子下》：「義，人路也。」是則義、道、路三者實一也。蕩蕩，平易也。見《呂氏春秋・貴公篇》高誘《注》。平平，亦平易也，清儒惠棟、江聲、王鳴盛皆疑此平平為采采之誤，所說皆非是，本編第三章〈洪範異文集證〉已言之。反者，馬融以為反道，蔡沈以為倍常，《國語・周語・注》：「反，違也。」即違背法度之意。側，馬融以為傾側，蔡沈以為不正，其義皆同，即傾斜不正之意。會，合也，聚也；〔註41〕歸，《說文》：「女嫁也」，引申有依歸之意，此處係指臣民之歸君而言。此段言人君治民，勿偏邪不正，勿行私惠私好，勿行惡事，一切均需遵循先代聖王之大法。勿阿黨，勿偏私，則先王之道平易可行；(「無偏無黨，王道蕩蕩」與「無黨無偏，王道平平」同義)，勿違背法度，勿傾邪不正 (按傾邪不正

〔註38〕《呂氏春秋・貴公・注》：「義，法也。」今人曾運乾、屈萬里、黎建寰諸先生皆採此注。

〔註39〕同註12。

〔註40〕見《左傳・定公五年・注》。

〔註41〕《說文》：「會，合也。」《禮記・月令・注》：「會，聚也。」

即違背法度，故《周禮・匡人・注》云：「反側猶背違法度也。」），
先王之道既正且直。君聚合臣民，有其法則；臣民歸附於君，亦有
其法則。（極有中正、標準、法則之義，鄭玄以有極為有中之人，
有中之君，云：「君當會聚有中之人以為臣，臣為就有中之君而事
之。」此說就文法及訓詁上而言，亦通。）

曰，皇極之敷言，是彝是訓，于帝其訓。凡厥庶民，極之敷言，是訓是行，
以近天子之光。曰，天子作民父母，以為天下王。

> 馬融：「王者當極行之，使臣下布陳其言。是大中之道，而常行之，用是
> 教訓天下，于天為順也。（凡厥庶民，極之敷言）亦盡極敷陳其言于上
> 也。」（《史記集解》引）

> 王肅：「民內言于上而得中者，則順而行之。近猶益也，順行民言，所以
> 益天子之光。政教務中，民善是用，所以為民父母，而為天下所歸往。」
> （《史記集解》引）

> 偽孔《傳》：「曰者，大其義，言以大中之道布陳言教，不失其常，則人
> 皆是順矣，天且其順，而況于人乎？凡其眾民，中心之所陳言，凡順
> 是行之，則可以近益天子之光明。天子布德惠之教，為兆民之父母，
> 是為天下所歸往，不可不務。」

> 孔《疏》：「既言有中矣，為天下所歸，更美之曰，以大中之道，布陳言
> 教，不使失是常道，則民皆於是順矣。天且其順，而況於人乎？以此
> 之故，大中為天下所歸也。又大中之道至矣，何但出於天子為貴，凡
> 其眾民，中和之心所陳之言，謂以善言聞於上者，於是順之，於是行
> 之，悅於民而便於政，則可近益天子之光明矣。又本人君須大中者，
> 更美大之曰，人君於天所子布德惠之教，為民之父母，以是之故，為
> 天下所歸往，由大中之道教使然，言人君不可不務大中矣。」

> 蔡《傳》：「曰，起語辭。敷言，上文敷衍之言也。言人君以極之理，而
> 反復推衍為言者，是天下之常理，是天下之大訓，非君之訓也，蓋理
> 出乎天，言純乎天，則天之言矣，此贊敷言之妙如此。光者，道德之
> 光華也。天子之於庶民，性一而已，庶民於極之敷言，是訓是行，則
> 可以近天子道德之光華也。曰者，民之辭也。謂之父母者，指其恩育
> 而言，親之之意；謂之王者，指其君長而言，尊之之意，言天子恩育

君長乎我者，如此其至也。言民而不言人者，舉小以見大也。」

陳經：「皇極之道大矣，無所不統，亦無所不寓，五行非此，則無以運行于天地之間，五事非此不為敬，八政非此不為農，五紀非此不為協，三德非此不為乂，稽疑非此不為明，五福六極非此則失其所以嚮與威矣，故皇極居中，所以敘此九疇也，其用非一，箕子特舉其一二言之，見于養人材，見于用人，見于敷言，其餘可以類推矣。」（《尚書詳解》）

陳喬樅：「〈洪範〉皇極皇字，皆當作君字解，不必訓皇為大，如以皇為大，則皇之不極訓為大之不極，近於不詞矣。」（《今文尚書經說攷》）

俞樾：「枚《傳》以順字解訓字，蓋本之《史記》，不知下文『于帝其訓』、『是訓是行』兩訓字，《史記》作順，至此句作是彝是訓，不作順也，《集解》引馬《注》曰：『是大中之道而常行之，用是教訓天下。』是《馬》本於此句亦不作順也。惟馬以彝為常，不如史公以彝為夷，陳也；是夷是訓者，是陳列之，是訓教之也，此以君言。下文是順是行者，是順從之，是奉行之也，此以民言。」（《群經平議》）

劉逢祿：「（『凡厥庶民』句）言王者常以極之敷言為教訓，斯順于帝，則庶民亦順行是言，則可以近天子盛德之光輝也。馬、王義似曲。」（《尚書今古文集解》）

按：箕子前既已申皇極之義，其言反復詳明，至此則總結前說也。語既更端，故加曰字以別之，易言之，此段二曰字下所述，皆箕子之言也。清儒陳喬樅以為皇字皆當訓君，此說非是，蓋金文皇字本作大解，本編前已多次述之，陳氏之理由為「如以皇為大，則皇之不極訓為大之不極，近於不詞矣」，然《尚書》經文經後人改竄者多，此處皇子或本作王，江聲、段玉裁俱有說解，本編第三章〈洪範異文集證〉已言之，由是知陳氏之理由未必能成立。敷，陳述也；〔註42〕彝，法也；〔註43〕《史記》作夷，夷、彝音義同，〔註44〕俞曲園以夷為陳，謂「是夷是訓者，是陳列之，是訓教之也」，其說恐非是。上訓字，教也，〔註45〕今人亦常教訓連言；下兩訓字，順也，《史記》

〔註42〕見《漢書·成帝紀》顏師古《注》。
〔註43〕見《周禮·春官·注》。
〔註44〕見《詩·瞻卬·疏》。
〔註45〕見《詩·抑·傳》，《說文》言部亦解「訓」為說教。

作順，乃用本字。此謂以上所陳述有關皇極之言，汝當取法之，以之教訓民眾，若然，即可謂順從上帝矣。凡我民眾，對於以上所陳述有關皇極之言，若能順從，能實行，則可接近天子盛德之光輝矣。民眾之所以欲近天子之光，乃因天子爲人民之父母，爲天下之君王也。（《尚書大傳·洪範傳》曰：「聖人者，民之父母也。母能生之，能食之；父能教之，能誨之；聖王曲備之者也，能生之，能食之，能教之，能誨之也。故《書》曰：『作民父母，以爲天下王。』此之謂也。」此說極是。）

六、三德。一曰正直，二曰剛克，三曰柔克。平康正直，彊弗友剛克，燮友柔克。沈潛剛克，高明柔克。

　　馬融：「克，勝也。」（《經典釋文》引）「沈，陰也，潛，伏也。陰伏之謀，謂賊臣亂子，非一朝一夕之漸，君親無將將而誅，高明君子以德懷也。」（《史記集解》引）

　　鄭玄：「正直，中平之人。」（《史記集解》、《詩·羔裘·正義》引）「克，能也，剛而能柔，柔而能剛，寬猛相濟，以成治立功。」（《史記集解》引）「剛則強，柔則弱，此陷于滅亡之道，非能也。」（《詩·羔裘·正義》引）「三德，人各有一德，謂人臣也。人臣各有一德，天子擇使之。安平之國，使中平守一之人治之，使不失舊識而已。國有不順孝敬之行者，則使剛能之人誅治之；其有中和之行者，則使柔能之人治之，差正之。」（《尚書正義》引）

　　僞孔《傳》：「正直，能正人之曲直。剛克，剛能立事。柔克，和柔能治。三者皆德。平康正直，世平安，用正直治之。彊弗友剛克，友，順也；世強禦不順，以剛能治之。燮友柔克，燮，和也；世和順，以柔能治之。沈潛剛克，沈潛謂地，雖柔亦有剛，能出金石。高明柔克，高明謂天，言天爲剛德，亦有柔克，不干四時，喻臣當執剛以正君，君亦當執柔以納臣。」

　　孔《疏》：「此三德者，人君之德，張弛有三也。一曰正直，言能正人之曲使直；二曰剛克，言剛強而能立事；三曰柔克，言和柔而能治。既言人主有三德，又說隨時而用之，平安之世用正直治之，強禦不順之世用剛能治之，和順之世用柔能治之。既言三德張弛，隨時而用，又舉天地之德以喻君臣之交，地之德沈深而柔弱矣，而有剛能出金石之

物也；天之德高明剛強矣，而有柔能順陰陽之氣也；以喻臣道雖柔，當執剛以正君；君道雖剛，當執柔以納臣也。」

蔡《傳》：「克，治；友，順；燮，和也。正直、剛、柔，三德也。正者無邪，直者無曲，剛克柔克者，威福予奪抑揚進退之用也。彊弗友者，彊梗弗順者也。燮友者，和柔委順者也。沈潛者，沈深潛退，不及中者也。高明者，高亢明爽，過乎中者也。蓋習俗之偏，氣稟之過者也。故平康正直，無所事乎矯拂，無爲而治是也。彊弗友剛克，以剛克剛也；燮友柔克，以柔克柔也。沈潛剛克，以剛克柔也；高明柔克，以柔克剛也。正直之用一，而剛柔之用四也。聖人撫世酬物，因時制宜，三德並用，陽以舒之，陰以斂之，執其兩端，用其中于民，所以納天下民俗於皇極者蓋如此。」

王鳴盛：「《傳》云『能正人之曲直』者，《襄七年·傳》公族穆子引《詩》『好是正直』，而釋之云：『正直爲正，正曲爲直。』杜《注》云：『正直爲正，正己之心；正曲爲直，正人之曲。』故孔《傳》取之解此經，與下剛克、柔克不貫，不知鄭義之密，且遺却正直爲正，而但言人曲直，亦非也。……上文又用三德，是言君之治民，當用三德之人以治之，則三德當屬臣言，《傳》以爲人君自有之德，非也。馬、王云云，與鄭同也。……《周禮·大司寇》職云：『刑平國用中典，刑亂國用重典，刑新國用輕典也。』約以此經平康爲平國，正直爲中典，彊弗友爲亂國，剛克爲重典；柔克則輕典也。雖出治不專用刑，而隨宜用人，正相類也。」（《尚書後案》）

孫星衍：「此言人有三德，當自知其性也。……經言三德者，《說文》云：『德，外得於人，內得於己。』似如〈皋陶謨〉言九德，據德行言之，不及政治，僞《傳》所說未是，馬、鄭亦未爲得之。……彊弗友者，《廣雅·釋詁》云：『友，親也。』言其性彊毅不可親，剛克之人有是性。燮友者，〈釋詁〉云：『燮，和也。』言柔克之人有此性。」（《尚書今古文注疏》）

朱駿聲：「此言人臣有三德，惟天子擇而用之，以成治功也。正直之而溫者，中和之德也。克，勝也。剛克，剛而塞者，強毅之德也；柔克，柔而立者，寬仁之德也。安平之民，則使正直之人治之，猶刑平國用中典也。友，順也，強暴之人，則使剛勝之人治之，猶刑亂國用重典

也。爕，和也。和順之民，則使柔勝之人治之，猶刑新國用輕典也。沈，湛也，深也；潛，猶伏也。南方風氣滯弱，則使剛勝之人振起之。高明猶亢爽也，北方風氣慄悍，則使柔弱之人涵養之。因地以施其教，因人以盡其才，此天下所用乂安也。」（《尙書古注便讀》）

按：此敷陳三德之目，申言三德之義也。正直者，中和之德也，此說各家略同。剛克、柔克之說，各家歧異，馬融以克爲勝，鄭玄以克爲能，蔡沈以克爲治，當以馬說爲長。三德者，一曰正直，不過剛過柔也；二曰剛克，以剛強爲主也；三曰柔克，以柔和爲主也。今人黎建寰先生《尙書周書考釋》以爲蔡氏沈訓克爲治較長，並釋剛克、柔克爲「臣有以剛強之德以治其身者，臣有以柔和之德以治其身者」，此係以三德指人臣之德，其說恐誤（鄭玄亦言「人臣各有一德，天子擇使之。」清儒朱駿聲亦言「人臣有三德，惟天子擇而用之」），蓋前既言乂用三德，則當指天子治民用三德也，若以之爲天子用三德之臣治民，說未免迂曲也。平，和也；康，安也。〔註46〕平康正直者，和平安祥之人，以正直之道治之也。此句僞孔《傳》云：「世平安，用正直治之。」此說固可通，然與下兩句不協調，，以「彊弗友」、「爕友」皆指所治之人也。彊，彊暴也；〔註47〕友字，諸家皆以爲「順也」，則「彊弗友剛克」者，彊暴而不順服之人，以剛強治之也。又高本漢以「彊弗友」之友字，乃因涉下文「爕友柔克」而衍，並以弗爲「咈」之假借，釋本句爲「對那強悍而無禮的人，就用剛強爲主」，〔註48〕高氏此說發前人之所未發，唯無證據可證成其說。爕，和也；〔註49〕爕友柔克者，和順之人，以柔和治之也。沈潛，馬融以爲陰伏之謀，謂賊臣亂子，則沈潛剛克者，賊臣亂子，以剛強治之也。蔡沈以沈潛爲沈深潛退，不及中者也，則沈潛剛克者，沈深潛退，未及中道之人，以剛強治之也，亦即以剛克柔之意。高本漢以爲沈潛有沈湎、浸、濡、浸漬之義，釋「沈潛剛克」爲「對待那些浸泡在酒與享樂的，就用那剛強爲主的辦法。」〔註50〕以上

〔註46〕《左傳・成公二年・疏》：「平，和也。」《爾雅・釋詁》：「康，安也。」
〔註47〕見《爾雅・釋言》。
〔註48〕同註37。
〔註49〕見《爾雅・釋詁》。
〔註50〕同註37。

三說均有其訓詁上之根據，而以瑞典高本漢之證據最爲充足（按：沈潛，《史記》作「沈漸」，《漢書‧谷永傳》引作「湛漸」，高氏均有解說，以沈字而言，《尚書‧微子》有云「我沈酗於酒」，《墨子‧非攻下》有云：「予既沈漬殷紂于酒」，《史記‧宋世家》有云「紂沈緬于酒」；以湛字而言，《管子‧四稱》有云：「湛湎于酒」，《詩‧大雅‧抑》有云「荒湛于酒」，沈與湛義通由此可見。又「沈」、「湛」可用以表示「享樂」、「泆樂」等，《詩‧大雅‧抑》：「汝雖（惟也）湛樂從」，其義爲：「汝等爲追求沈湎于歡樂」。以潛字而言，其本義爲「浸陷於深處」，《詩‧小雅‧鶴鳴》：「魚潛于淵」，〈周頌‧潛〉：「潛有多魚」，均可證。以漸字而言，其本義爲「浸濕」、「濡濕」，《荀子‧勸學》：「漸之滫」，此漸即是浸義。凡收-m韻尾之字在語源上屬同一系統，形成一詞類（Word family），因之，無論作「沈潛」、「沈漸」或「湛漸」，均有浸漬之意），本編暫從其說。又高明之義，亦眾說紛紜，馬融以之爲君子，云：「高明君子亦以德懷也」，此一「高明君子」既相對於「賊臣亂子」，又相對於「沉湎於酒，徒知享樂」之輩，故其說可從。高明柔克者，對待高明君子，以柔和治之也。另屈萬里先生《尚書釋義》以「沈潛」二句爲「剛克者則沈潛（抑伏）之，柔克者則高明之」，此係採今人龍宇純先生之說，唯屈先生《尚書今註今譯》又以爲此二克字爲治之義，譯此二句爲「沈潛的人要用剛強來治他，高明的人要用溫柔來治他」，似乎屈先生對「沈潛」二句之解說，亦有所猶豫。黎建寰先生《尚書周書考釋》以沈潛爲「壓抑之」、「貶退之」，高明爲「激進之」、「顯揚之」，釋此二句爲「以剛強治身之人，易流於強橫不順，急於躁進，故人君當壓抑之。以柔治身者，易流於優柔寡斷，則人君當高亢、激進之也。」如照屈先生《釋義》及黎先生《考釋》之說，則「沈潛」二句之剛克、柔克係指剛克之人與柔克之人，與「彊弗友」二句之剛克、柔克，其義大相逕庭，此誠令人難信。「弗友剛克」、「燮友柔克」之「彊弗友」與「燮友」，均係指所治之人，而「沈潛剛克」、「高明柔克」之「沈潛」與「高明」，反爲動詞，而以剛克、柔克爲所治之人，句型上似顯突兀，或恐不可通。

惟辟作福，惟辟作威，惟辟玉食。臣無有作福、作威、玉食，臣之有作福、
作威、玉食，其害于而家，凶于而國。人用側頗僻，民用僭忒。

馬融：「辟，君也。玉食，美食。不言王者，關諸侯也。」（《史記集解》
　　引）「忒，惡也。」（《經典釋文》引）

鄭玄：「此凡君抑臣之言也。」（《公羊傳・成元年・疏》引）「作福，專
　　爵（《公羊・疏》作慶）賞也；作威，專刑罰也；玉食，備珍美也。」
　　（《史記集解》、《公羊傳・成元年・疏》引）「害于汝家，福去室；凶
　　于而國，亂下民。」（《公羊傳・成元年・疏》引）

王肅：「辟，君也，不言王者，關諸侯也。諸侯於國，得專賞罰。」「大
　　夫稱家，言秉權之臣必滅家，復害其國也。」（《尚書正義》引）

偽孔《傳》：「言惟君得專威福，爲美食。存位不敦平，則下民僭差。」

孔《疏》：「既言君臣交，剛柔遞用，更言君臣之分，貴賤有恒。惟君
　作福，得專賞人也；惟君作威，得專罰人也；惟君玉食，得備珍食也。
　爲臣無得作福、作威、玉食，言政當一統，權不可分也。臣之有作福、
　作威、玉食者，其必害於汝臣之家，凶於汝君之國，言將得罪，喪家且
　亂邦也。在位之人用此大臣專權之，故其行側頗僻；下民在位頗僻之，
　故皆言不信而行差錯。」

蔡《傳》：「福威者，上以所以御下；玉食者，下之所以奉上也。曰惟辟
　　者，戒其權不可下移；曰無有者，戒具臣不可上僭也。頗，不平也；
　　僻，不公也；潛，踰；忒，過也。臣而僭上之權，則大夫必害于而家，
　　諸侯必凶於而國；有位者固側頗僻而不安其分，小民者亦僭忒而踰越
　　其常，甚言人臣僭上之患如此。」

趙善湘：「作福、作威、玉食，人君之事。臣之有作福、作威、玉食，不
　　可也。五者君之道，六者臣之道，臣而迫於君，故防微杜漸，不得不
　　謹，所以爲皇極之道也。」（《洪範統一》）

王夫之：「皇極言作君之治，而此言作師之教也。君道盡而師道興，故三
　　德次皇極，皇極以嚮威行好惡，故一合九；三德以五事爲克治，故六
　　合四；此疇既專言教，則威福玉食之言不相爲倫，反覆求之，蓋錯簡
　　也，『惟辟作福』當在『以爲天下王』之下。」（《尚書稗疏》）

孫志祖：「惟辟作福二節，或疑與三德無涉，移置篇末五福六極之後。案：
　　經文連屬，自有深義，宋儒憑肊改經，于〈武成〉、〈洪範〉二篇，顚

倒錯亂，幾不復存聖經之舊。夫〈洪範〉不獨今古文具有。太史公全采其文入《史記‧宋世家》中，竝無錯簡，乃必欲割裂補綴，不知何意。」(《讀書脞錄》)

章炳麟：「(玉食)此正〈天官‧玉府〉所謂王齋則共食玉耳，若云美食，諸侯之臣亦得備五鼎，何獨辟也？」(《古文尚書拾遺》)

按：此係乂用三德之附帶條件，人君以三德宰制天下，苟非賞罰名器能操之掌握，則天下亦未能服也。辟，君也，此兼天子與諸侯言之，馬、王說是也。作福者，專賞賜爵命也；作威者，專刑罰也；玉食者，美食也。此訓詁諸儒多同。唯章太炎先生以玉食者，食玉也。黎建寰先生《尚書周書考釋》駁之云：「食玉之事，起於漢五行道家之說，先秦典籍所載食玉之事，除見《周禮‧玉府》而外，又見於《楚辭‧離騷》，《離騷》曰：『折瓊枝以為羞兮，精瓊靡以為粻。』然《周禮》或雜以漢人之言，《離騷》則引以為喻也，皆不足為信。」黎說是，按《周禮》一書，舊題周公撰‧康有為偽經考以之為劉歆偽作，其說雖經錢穆先生否定，〔註51〕然《周禮》非周公著，則已成定論矣。宋儒張載以《周禮》內容必有末世增入者，如蒙詛之類，必非周公之意；程頤以《周禮》不全是周公之書注，亦有後世隨時添入者，亦有漢儒撰入者；蘇轍以為《周禮》一書經秦漢諸儒損益之者眾矣，非周公之完書也；〔註52〕是《周禮》書之可疑，先儒言之者多矣，使其書確出於先秦，而無漢儒之損益，〔註53〕亦不能僅以書中有食玉之言，乃遽以斷定〈洪範〉之玉食即《周禮》之食玉也，蓋〈洪範〉乃箕子口述，箕子，殷之賢臣也，焉能知周代之官制乎？是章氏之言終不可通也。其，乃也。〔註54〕汝，而也。人與民對言，人者，官吏；民者，庶民也。用，由也，因也。〔註55〕側、頗、僻三字義同，俱謂枉不正也。〔註56〕僭，踰越也。忒，惡也，

〔註51〕見錢穆：《兩漢經學今古文平議》，東大圖書公司印行。

〔註52〕詳張心澂輯《偽書通考》。

〔註53〕錢穆先生〈周官制作時代考〉論定《周禮》出於戰國末年，此文收入《兩漢經學今古文平議》一書中。

〔註54〕見王引之：《經傳釋詞》。

〔註55〕《詩‧君子陽陽‧傳》曰：「由，用也。」由可訓用，用亦可訓由，一聲之轉也。《禮記‧禮運》：「故謀用是作」，言謀略因此（由此）而作也。

〔註56〕《詩‧賓之初筵‧箋》曰：「側，傾也。」《廣雅‧釋詁》曰：「頗，衺也。」

與㥽通。此節謂惟有天子、諸侯始有加人以刑罰之權,惟有天子、諸侯可以享受珍美之食。百官無權賞罰人,亦不能享受美食。百官若有權賞罰人、享受美食,則將危害於汝國家,其餘官吏將因偏邪不正,庶民亦將踰越本分而作惡矣。又王引之疑此節爲錯簡,當移在「以爲天下王」之下,以其說無實證可求,茲不採。

七、稽疑:擇建立卜筮人,乃命卜筮。曰雨、曰霽、曰蒙、曰驛、曰克、曰貞、曰悔。凡七,卜五,占用二,衍忒。立時人作卜筮,三人占,則從二人之言。

鄭玄:「言將考疑事,選擇可立者,立爲卜人、筮人。」(《尚書正義》引)「卜五,古之用,謂雨、濟、圛、霧、克也。二衍貣,謂貞、悔也。將立卜筮人,乃先命名兆卦而分別之,兆卦之名凡七,龜用五,《易》用二,審此道者,乃立之也。雨者,兆之體氣如雨然也。濟者,如雨止之雲氣在上者也。圛者,色澤而光明者也。霧者,氣不釋鬱冥冥也。克者,如祲氣之色相犯也。內卦曰貞、外卦曰悔。悔之言晦也。晦猶終也,卦象多變,故言衍貣。」(《史記集解》引)〔註57〕「(立時人作卜筮)立是能分別兆卦之名者,以爲卜筮人。」(《史記集解》引)「(三人占,則從二人之言)卜筮各三人,太卜掌三兆三《易》。」(《儀禮士喪禮疏》引)「從其多者,蓍龜之道,幽微難明,愼之深。」(《史記集解》引)

僞孔《傳》:「龜曰卜,蓍曰筮。考正疑事,當選擇知卜筮人而建立之。建立其人,命以其職。曰雨曰霽,龜兆形有似雨者,有似雨止者。蒙,陰闇。驛,氣落驛不連屬。克,兆相交錯。五者,卜兆之常法。內卦曰貞,外卦曰悔。七,卜筮之數。(立時人作卜筮句)立是知卜筮人,使爲卜筮之事,夏殷周卜筮各異,三法並卜,從二人之言,善鈞從眾,卜筮各三人。」

《淮南子・精神訓》曰:「僻,邪也。」是側、頗、僻三字義同,皆指傾邪不正也。

〔註57〕此段文字,《尚書正義》、《周禮・太卜・疏》亦皆有引,唯文字與此略異,「謂雨、濟、圛、霧、克也」,《尚書正義》引作「謂雨、霽、蒙、驛、克也」。「兆之體氣如雨然也」,《周禮・太卜・疏》引作「兆之體如雨氣」。「如雨止之雲氣在上者也」,《周禮・太卜・疏》引作「兆之光明如雨之雲氣在上者也」。「霧者,氣不釋鬱冥冥也;克者,如祲氣之色相犯也」,《尚書正義》引作「驛者,氣澤鬱鬱冥冥也;克者,如雨氣相侵入」。貣,《尚書正義》俱作忒。

孔《疏》：「稽疑者，言王者考正疑事，當選擇知卜筮者而建立之，以為卜筮人，謂立為卜人、筮人之官也。既立其官，乃命以卜筮之職，云卜筮有五，曰雨兆，如日雨下也；曰霽兆，如雨止也；曰霧兆，氣蒙闇也；曰圛兆，氣落驛不連屬也；曰克兆，相交也。筮卦有二重、二體，乃成一卦，曰貞，謂內卦也，曰悔，謂外卦也。卜筮兆卦其法有七事，其卜兆用五，雨、霽、蒙、驛、克也；其筮占用二，貞與悔也。卜筮皆就此七者推衍其變立，是知卜筮人使作卜筮之官，其卜筮必用三代之法，三人占之，若其所占不同，而其善鈞者，則從二人之言，言以此法考正疑事也。」

蔡《傳》：「稽，考也。有所疑則卜筮以考之。龜曰卜，著曰筮。著龜者，至公無私，故能紹天之明；卜筮者亦必至公無私，而後能傳著龜之意，必擇是人而建立之，然後使之卜筮也。（雨、霽、蒙、驛、克）此卜兆也。雨者如雨，其兆為水；霽者開霽，其兆為火；蒙者蒙昧，其兆為木；驛者絡繹不屬，其兆為金；克者交錯，有相勝之意，其兆為土。（貞、悔）此占卦也，內卦為貞，外卦為悔。《左傳》：『蠱之貞風，其悔山。』是也。又有以遇卦為貞，之卦為悔，《國語》：『貞屯悔豫皆八』是也。凡七，雨、霽、蒙、驛、克、貞、悔也。卜五，雨、霽、蒙、驛、克也。占二，貞、悔也。衍，推；忒，過也。所以推人事之過差也。凡卜筮必立三人以相參考，舊說卜有玉兆、瓦兆、原兆，筮有《連山》、《歸藏》、《周易》者非是，謂之三人，非三卜兆也。」

蘇軾：「雨，其兆如雨；霽，如雨止；蒙，如蒙霧；驛，兆絡驛不相屬；克，兆相錯入也。《春秋傳》曰：『秦伯伐晉，卜徒父筮之，遇蠱曰：「蠱之貞，風也，其悔，山也。」』是內卦為貞，外卦為悔也。卦之不變者，占卦而不占爻，故用貞悔；占之變者，則止以所變之爻占之。其謂之貞悔者，古語如此，莫知其訓也。」（《東坡書傳》）

呂祖謙：「皇極既敷，眾理皆備，人君至此若無疑可稽，方且稽之於龜筮者，聖人公天下為一體，不以一身之無疑遂謂無事可稽，見工夫之無窮也。必曰擇者，聖人之占卜與後世異，聖人占卜假著龜以寓其神，著龜者，至公無私之物，必擇卜筮之人，甚至公無私與之無間，然後可以通乎著龜，惟能如此，然後乃命卜筮。曰雨，其兆如雨；曰霽，其兆如雨之霽；曰蒙，其兆陰黯；曰驛，其兆絡繹不連屬；曰克，其

兆交錯；曰貞，內卦也；曰悔，外卦也。卜則用五者，占則用內外二卦，衍忒謂曰雨、曰霽、曰蒙、曰驛、曰克，皆有定體，至於定體之外有差忒者，卜筮當推衍之。」（《增修東萊書說》）

王引之：「筮謂如〈士喪禮〉命龜命筮也。曰雨以下五事，即承乃命卜筮言之，五者皆所以命龜之事也。圉與霧其義雖不可考，而曰雨、曰霽、曰克，則經、傳具有明徵。〈春官・大卜〉以邦事作龜之八命，七曰雨，鄭司農曰：『雨謂雨不也。』正與乃命卜筮曰雨之文相合。褚少孫續《史記・龜策傳》曰：『卜天雨不雨，雨，首仰有外，外高內下；不雨，首仰足開，若橫吉安。卜天雨霽不霽，霽，呈兆足開首仰；不霽，橫吉。』是曰雨、曰霽為命龜之事也。《襄二十八年・左傳》：『盧蒲癸、王何卜攻慶氏，示子之兆，子之曰：「克見血。」』《昭十七年・傳》，吳人伐楚，楚卜戰不吉，司馬子魚令龜曰：『鮒也，以其屬死之，楚師繼之，尚大克之，吉。』是曰克為命龜之事也。說者或以命為命卦兆之名，又或以為命以其職，則已誤解命卜筮之義，而曰雨以下五事遂不知其為命龜之事，而說以龜之氣色，去本義遠矣，況所說之形狀皆以意為之，而無實據乎？」（《經義述聞》）

按：次七者，詳布稽疑之事也。夫聖人有大疑，非至神之物難以決之，於是灼龜以為卜，揲蓍以為筮，故卜筮者，所以決疑微明，定四海之猶豫也。卜筮須通曉其事者為之，故必須慎擇也。雨、霽、蒙、驛、克五者，命龜之事也，此部分諸本互異最多（詳見本編第三章〈洪範異文集證〉），說亦最糾紛，然大體皆以雨、霽、蒙、驛、克為龜卜所現之兆象體氣，惟清儒王引之以為命龜之事耳。以五者為兆象體氣，說當始於鄭玄，此說之誤，二千年來除王氏引之外，諸儒皆深信不疑也。今人《尚書》著作中，贊同而光大王氏之說者，亦惟黎建寰先生耳。黎先生之言曰：「蓋自漢初說經者至有清之樸學者，俱未見殷商龜甲卜辭，徒以臆測推斷而已。先民思想單純，未若後世之繁複，尺許龜甲，亦未能變化多端，巧作兆象體氣也。……自晚清甲骨出土，殷商之龜卜，乃得大明於世。卜字，甲文作ㄏ，或作卜，或作ㄩ，或作ㄣ，俱象龜甲裂開之象，其紋上、下、左、右不定，小篆則皆作卜。殷商卜人占人時，先自龜甲之正面刻以卜辭，卜辭皆左右對稱，若右問雨，則左問不雨；然後自龜甲之背、二卜

辭之間，刻以 形，炙以荊火，或謂炙以艾葉，則龜甲之正面，有兆裂紋路，是以《說文》釋卜字曰：『灼剝龜也。』兆裂紋路，或上、或下、或左、或右，卜人視其紋路，可定其吉凶。若右問雨，左問不雨、則兆裂於右則雨，兆裂於左則不雨，極爲單純。曰霽，曰蒙，曰驛，曰克亦若是也。殷商卜辭卜雨之辭甚多，同一版內，右辭爲：『甲辰卜俑貞，今日其雨？』則左辭爲：『甲辰下俑貞，今日不其雨？』又若右辭爲：『甲辰卜俑貞，翌乙巳其雨？』左辭則爲：『貞翌乙巳，不其雨？』又若右辭爲：『貞翌丁未其雨？』左辭則爲：『貞翌丁未不其雨？』俱作對稱之形，卜辭中亦有卜雨霽者，亦作對稱之形，惟不多見，若：『丙午卜韋貞，止一月不其佳𤕟雨？』『丙午卜韋貞，止一月雨其佳𤕟？』其他對稱者甚多，不勝其舉，鄭氏殆未見此，故有兆象體氣之說。若使其言然，則又何須同一龜版內而同刻對稱二辭耶？是其說之非是也。考之先秦經傳，亦未以兆象體氣言之者，《周禮·太卜》曰：『以事作龜之八命，一曰征，二曰象，三曰與，四曰謀，五曰果，六曰至，七曰雨，八曰瘳。』鄭《注》曰：『國之大事，待蓍龜而決者有八，定作其辭，於將卜以命龜也。』復引鄭司農曰：『征，謂征伐人也；象，謂災變雲物，如眾赤鳥之屬，有所象似，《易》曰：「天垂象見吉凶。」《春秋傳》曰：「天事恒象。」皆是也；與，謂予人物也；謀，謂謀議也；果，謂事成與否也；至，謂至不也；雨，謂雨不也；瘳，謂疾瘳否也。』鄭《注》又曰：『征，亦行巡守也，象，謂有所造立也，《易》曰：「以制其器者尚其象。」與，謂所與共事也；果，謂勇決爲之。若吳伐楚，楚司馬子魚卜戰，令龜曰：「鮒也，以其屬死之，楚師繼之，尚大克之，吉。」是也。』此龜卜八事，亦未有以兆象體氣釋之者。武王克殷，《周禮》未備，〈洪範〉龜卜五事，自不若《周禮·太卜》八事爲詳，然《周禮》制作，必遵前制，故八事因襲〈洪範〉五事，亦不無跡象可循；若〈洪範〉曰雨與《周禮》七曰雨爲一事，〈洪範〉曰霧與二象相似，〈洪範〉曰克與《周禮》一征五果相似，康成釋《周禮》，知以常事釋之，釋〈洪範〉則歸之兆象體氣，不亦怪乎？」〔註58〕此論甚精，甲骨文出土於西元1899年（己亥）年，宜乎先儒有臆測之言也。雨、

〔註58〕同註12。

霽、蒙皆指天候而言；霽，雨止也；蒙之本字爲「霿」，即今之「霧」字（詳本編第三章）；此言告卜人是否有雨，是否雨止，是否有霧也。古者天雨不朝，日蝕、天變亦不朝、不祭祀，〔註59〕故須預卜天候，以爲朝會行禮之備也。如謂雨、霽等皆兆之體氣，則所謂「如雨止之雲氣在上」、「色澤而光明」、「氣不釋鬱冥冥」等皆流於抽象，令人難以確知兆象也。驛者，其義最難求也，《說文》：「驛，置騎也。」知此驛必用借字。本編第三章以驛爲「圛」，係暫依鄭本，如此則驛亦指天候言，惟其義「升雲半有半無」、「回行」（見《說文》），用於此節，終覺扞格，王引之以爲其義不可考，正見其態度之嚴謹，不強爲解說，黎建寰先生以爲辜字之假借，引申有罪之義，則曰驛乃征伐刑殺之事也，〔註60〕此亦一說，惟其證據仍嫌不足，本編暫存而不論。克者，王引之引《左傳》證成其說，克，勝也；〔註61〕曰克者，卜問戰事是否可勝也。悔，𦥑之假字也，王鳴盛《尙書後案》云：「《說文》云：『𦥑，《易》卦之上體也。〈商書〉曰：「曰貞曰𦥑」，从卜，每聲。』許慎引《書》固爲可信，況貞从卜，則𦥑亦宜从卜，後人混作心部之悔，𦥑字遂廢不用。」此說是。內卦曰貞，外卦曰𦥑也。卜五句，諸家斷句不同（見本編第三章〈洪範異文集證〉），馬融云：「占，筮也。」如此則本句讀爲「卜五，占用二，衍忒。」其義爲卜問五事，占用二卦，以此而推衍變化。鄭玄以「二」字連下讀，則本句讀爲「卜五，占之用，二衍忒。」此說不如馬說，宜乎高本漢以爲由句子之對仗與節奏上而言，馬說最勝也。〔註62〕「三人占，則從二人之言」，言占卜之事，當取其多數也。後世注家爲注此語，無于極盡揣度臆測之能事，所謂「三兆」、「三《易》」之說紛紛然，夷考《成公六年‧左傳》載欒武子之言曰：「善鈞從眾。〈商書〉曰：『三人占，從二人。』眾故也。」可知「三人占，則從二人之言」，即服從多數也，蔡沈棄「三兆」、「三《易》」之說不論，故其說能得其實也。

〔註59〕見《禮記‧曾子問》。
〔註60〕同註12。
〔註61〕見《詩‧小宛‧傳》。
〔註62〕同註37。

汝則有大疑，謀乃乃心，謀及卿士，謀及庶人，謀及卜筮。汝則從，龜從、
筮從，卿士從，庶民從，是之謂大同；身其康彊，子孫其逢，吉。汝則從，
龜從，筮從，卿士逆，庶民逆，吉。卿士從，龜從，筮從，汝則逆，庶民
逆，吉。庶民從，龜從，筮從，汝則逆，卿士逆，吉。汝則從，龜從，筮
從，卿士逆，庶民逆，作內，吉；作外，凶。龜筮共違于人，用靜，吉；
用作，凶。

馬融：「逢，大也。」（《經典釋文》引）

鄭玄：「卿士，六卿掌事者。」（《尚書正義》引）「（自『汝則從』至『卿
士逆，吉』）此三者皆從多，故爲吉。（自『汝則從』至『作外，凶』）
此逆者多，以故舉事於境內則吉，境外則凶。（『龜筮共違于人』句）
龜筮皆與人謀相違，人雖三從，猶不可以舉事。」（《史記集解》引）

僞孔《傳》：「將舉事而汝則有大疑，先盡汝心以謀慮之，次及卿士、眾
民，然後卜筮以決之。人心和順，龜筮從之，是謂大同于吉。（『身其
康彊』句）動不違眾，故後世遇吉。（『汝則從』至『庶民逆，吉』）三
從二逆，中吉，亦可舉事。（『卿士從』至『庶民逆，吉』）君臣不同，
決之卜筮，亦中吉。（『庶民從』至『卿士逆，吉』）民與上異心，決之
卜筮，亦中吉。（『汝則從』至『作外，凶』）二從三逆，龜筮相違，故
可以祭祀冠婚，不可以出師征伐。（龜筮共違于人）皆逆，（用靜，吉；
用作，凶）安以守常則吉，動則凶。」

孔《疏》：「謀及卿士，以卿爲首耳，其大夫及士亦在焉。以下惟言庶人，
明大夫及士寄卿文以見之矣。……謀及庶人，必是大事，若小事不必
詢於萬民……謀及庶人，必是大事，若小事不必詢於萬民，或謀及庶
人在官者耳。……人主與卿士、庶民皆從，是人心和順也，此必臣民
皆從，乃問卜筮而進龜筮於上者，尊神物，故先言之。不在汝則之上
者，卜當有主，故以人爲先，下三事亦然。改卜言龜者，卜是請問之
意，吉凶龜占，兆告以人，故改言龜也。筮本是著名，故不復改也。」

蔡《傳》：「稽疑以龜筮爲重，人與龜筮皆從，是之謂大同固吉也。人一
從而龜筮不違者亦吉。龜從筮逆，則可作內，不可作外；內謂祭祀等
事，外謂征伐等事。龜筮共違，則可靜不可作；靜爲守常，作謂動作
也。然有龜從筮逆，而無筮從龜逆者，龜尤聖人所重也，故《禮記》『大
事卜，小事筮』，《傳》謂筮龜短長是也。自夫子贊《易》，極著蓍卦之

德，著重而龜書不傳云。」

蘇軾：「聖人無私之至，視其心與卿士、庶人如一，皆謀及之。《周禮》
　　有外朝致民之法，然上酌民言，聽輿人之誦，皆謀及之道也。內，祭
　　祀昏冠之類，外，出師征伐之類。」（《東坡書傳》）

呂祖謙：「大疑如盤庚之遷都，成王之誅管蔡是也。天下之理，聖人與天
　　地萬物為一，所謂大同者，無一事之不該，無一理之不順，無一處之
　　不合也。」（《增修東萊書說》）

顧炎武：「夫庶人至賤也，而猶在蓍龜之前，故盡人之明而不能決，然後
　　謀之鬼焉，故古人之於人事，信而有功；於鬼也，嚴而不瀆。」（《日
　　知錄》）

黃以周：「〈洪範〉：『汝則從，龜從，筮從，庶民從，是之謂大同。』觀
　　其立文之先後，意有輕重，龜先於筮，是龜重也，龜重者，龜長也。
　　又云：『汝則從，龜從，筮逆，作內，吉。』為龜長也。下不曰『筮從，
　　龜逆，作內，吉』者，為筮短也。」（《經說略》）

按：天子不應專斷，以為凡事無可疑，必參之人謀鬼謀，以合幽明之見，
　　此以公天下為心也。則，若也，王引之《經傳釋詞》有言。從者，
　　求吉得吉也，〔註63〕亦即所謂順也；〔註64〕同，和也，平也；〔註
　　65〕，大同者，率士皆然也；〔註66〕無不相合，即是大同。身，自
　　身也，此指武王。其，乃也，王引之《經傳釋詞》有言。康，安
　　也；〔註67〕彊，健也，即今之強字。逢，馬融以為「大也」，即昌
　　大旺盛之義。逆者，從之反，不順之義。內者，內事也，孫希旦
　　曰：「內事謂祭內神，冠昏喪祭亦為內事。」外者，外事也，孫希
　　旦曰：「外事謂祭外神，田獵出兵亦為外事。」〔註68〕靜，安也；
　　〔註69〕作，為也。〔註70〕本節言汝若有重大之疑問，當先考慮周

〔註63〕見《儀禮・少牢饋食禮・注》。
〔註64〕見《禮記・樂記・注》。
〔註65〕見《禮記・禮運・注》。
〔註66〕見《禮記・禮運・疏》。
〔註67〕見《爾雅・釋詁》。
〔註68〕見孫希旦：《禮記集解》。
〔註69〕見《詩・柏舟・傳》。
〔註70〕見《詩・皇矣・傳》。

詳，然後與官吏共商，再與民眾商討，再問及卜筮。若汝順從，
龜筮、卿士、庶民亦皆順從，此乃全體意見一致，汝將安康強健，
子孫亦必興旺也。若汝與龜筮俱從，卿士與庶民俱逆，因從者多，
故此亦吉利也。若卿士、龜筮皆從，汝與庶民則逆，此亦因從者
多而吉利也。若庶民與龜筮皆從，汝與卿士則逆，此亦因從者
多而吉利也。若汝從、龜從，筮、卿士、庶民皆逆，此因逆多從少，
作內事吉，外事則凶也。若占卜之結果與人意不同，則無所作為，
吉也；有所作為，凶也。顧炎武見本節著龜列於庶民後，乃謂人
謀重於卜筮，此說實誤，殷人重鬼，西周之初無重大改變，此所
以〈洪範〉云「龜筮共違于人，用靜，吉；用作，凶」也。

八、庶徵。曰雨，曰暘，曰燠，曰寒，曰風，曰時。五者來備，各以其
敘，庶草蕃廡。一極備，凶，一極無，凶。

鄭玄：「庶，眾也；徵，驗也；為眾行得失之驗。」（《禮記·禮器·正義》
引）「雨，木氣也，春始施生，故木氣為雨；暘，金氣也，秋物成而堅，
故金氣為暘；燠，火氣也；寒，水氣也；風，土氣也，凡氣非風不行，
猶金木水火非土不處，故土氣為風。」（《尚書正義》、《詩·漸漸之石·
正義》引）

偽孔《傳》：「雨以潤物，暘以乾物，燠以長物，寒以成物，風以動物，
五者各以其時，所以為眾驗。（『五者來備』句）言五者備至，各以次
序，則眾草蕃滋廡豐也。（『一極備』句）一者備極過甚則凶，一者極
無不至亦凶，謂不失時敘。」

孔《疏》：「庶，眾也；徵，驗也。王者用九疇為大中行，稽疑以上為善
政，則眾驗有美惡以為人主。自曰雨至一極無凶，揔言五氣之驗。……
將說其驗，先立其名，五者行於天地之間，人物所以得生成也。其名
曰雨，所以潤萬物也；曰暘，所以乾萬物也；曰燠，所以長萬物也；
曰寒，所以成萬物也；曰風，所以動萬物也；此是五氣之名。曰時，
言五者所以時來，所以為眾事之驗也。更述時與不時之事，五者於是
來皆備足，須風則風來，須雨則雨來，其來各以次敘，則眾草木蕃滋
而豐茂矣，謂來以時也。若不以時五者之內，一者備極過甚則凶，一
者極無不至亦凶。雨多則澇，雨少則旱，是備極亦凶，極無亦凶，其
餘四者亦然。」

蔡《傳》：「徵，驗也。廡，豐茂。所驗者非一，故謂之庶徵。雨、暘、燠、寒、風各以時至，故曰時也。備者，無缺少也；序者，應節候也。五者備而不失其序，庶草且蕃廡矣，則其他可知也。雨屬水，暘屬火，燠屬木，寒屬金，風屬土。吳仁傑曰：『《易》以坎爲水，北方之卦也。』又曰：『雨以潤之』，則雨爲水矣。離爲火，南方之卦也。又曰：『日以烜之』，則暘爲火矣。〈小明〉之詩首章云：『我征徂西，二月初吉。』三章云：『昔我往矣，日月方奧。』（按：蔡氏原文「征」作「侯」，「三章」作「二章」，「奧」作「燠」，誤）夫以二月爲燠，則燠之爲春、爲木明矣。《漢志》引狐突『金寒』之言，顏師古謂金行在西，故謂之寒，則寒之爲秋、爲金明矣。又按稽疑以雨屬水，以霽屬火，霽，暘也。則庶徵雨之爲水，暘之爲火，類例抑又甚明。蓋五行及生數，自然之敘，五事則小於五行，庶徵則本於五事，其條理次第，相爲貫通有秩，然而不可紊亂者也。極備，過多也；極無，過少也。唐孔氏曰：『雨多則澇，雨少則旱，是極備亦凶，極無亦凶。』餘準此。」

蘇軾：「貌，木也，其徵爲雨；言，金也，其徵爲暘；視，火也，其徵爲燠；聽，水也，其徵爲寒；思，土也，其徵爲風。聖人何以知之？以四時知之也。四時之氣，木爲春，春多雨，故雨爲貌徵；金爲秋，秋多旱，故暘爲言徵；火爲夏，夏多燠，故燠爲視徵；水爲冬，冬多寒，故寒爲聽徵；土爲四季，而風行于四時，故風爲思徵。箕子既敘此五徵矣，則又有曰時者，明此五徵以四時五行推知之也。備者皆有而不過也，極備者，過多也；極無者，過少也；此五者有一如此則皆凶也。」（《東坡書傳》）

王鳴盛：「廡，古文作無，音武，而有無但作无、兦，後人既以無爲有無之無，故此經加广以別之。……《玉篇》𣞤字注云：『文甫切，緐𣞤豐盛也。今作無，爲有無字。』觀此則知作廡固謬，作蕪亦非。」（《尚書後案》）

段玉裁：「《爾雅・釋詁》曰：『苞蕪，茂豐也。』郭《注》：『苞叢緜皆豐盛』。《釋文》曰：『無，古文作𣞤。』按許說本《爾雅》，《爾雅》古本作𣞤是也。隸變𣞤作無，以爲有無字，遂改《爾雅》之無。」（《古文尚書撰異》）

按：此八者，詳陳庶徵之事也。庶，眾也；徵，驗也，此諸家說皆同。

雨、暘、燠、寒、風、時，乃天之所以昭驗人事者也，所驗者非一，故謂之庶徵。蓋人君欲知己之得失，則驗之于天，然後可知己之或得或失也。暘，《說文》：「日出也」。燠，《說文》：「熱在中也」，引申爲熱。時，《說文》：「四時也，从日，寺聲。」段《注》：「本春、秋、冬、夏之稱，引申之爲凡歲、月、日、刻之用。」雨、暘、燠、寒、風俱爲自然之天候，有形可見，時則無形可見，又可統于五者，故下文云「五者來備，各以其敘」，不云「六者來備」也。清儒惠棟、江聲、王鳴盛、段玉裁諸人皆以爲「曰時」不在庶徵之內，此說之誤，本編第三章已有論述，茲不贅。敘，次第也，〔註71〕今之所謂「時序」是也。廡，古本作䕎（霖），豐盛也，見《說文》林部。本節謂雨、暘、燠、寒、風、時皆可爲人事之徵驗，一年中，雨、暘、燠、寒、風皆來，且依序（節候）發生，則一切草木皆可繁盛也。五者之一過多，此乃凶象；過少，亦凶象也。

曰休徵：曰肅，時雨若；曰乂，時暘若；曰哲，時燠若；曰謀，時寒若；曰聖，時風若。曰咎徵：曰狂，恒雨若；曰僭，恒暘若；曰豫，恒燠若；曰急，恒寒若；曰蒙，恒風若。

鄭玄：「狂，倨慢。」（《尚書正義》引）「若，順也。五事不得，則咎氣而順之。」（《詩‧正月正義》引）「舒（按豫字《鄭本》作舒），舉遲也。」（《尚書正義》引）「恒，常也。若，順也。言人君舉事太舒，則有常燠之咎氣來順之。」（《公羊傳‧成公年‧疏》引）「急，急促自用也。」（《尚書正義》引）「言由君急促太酷，致恒寒之氣來順之。」（《詩‧正月正義》引）「蒙，見冒亂也。」（《尚書正義》引）

僞孔《傳》：「曰休徵，敘美行之驗。（『曰肅』句）君行敬，則時雨順之。（『曰乂』句）君行政治，則時暘順之。（『曰哲』句，僞《孔本》作『曰晢』）君能照晢，則時燠順之。（『曰謀』句）君能謀，則時寒順之。（『曰聖』句）君能通理，則時風順之。曰咎徵，敘惡行之驗。（『曰狂』句）君行狂妄，則常雨順之。（『曰僭』句）君行僭差，則常暘順之。（『曰豫』句）君行逸豫，則常燠順之。（『曰急』句）君行急，則常寒順之。（『曰蒙』句）君行蒙闇，則常風順之。」

〔註71〕見《說文》及《淮南子‧本經訓‧注》。

孔《疏》：「既言五者次序，覆述次序之事，曰美行致以時之驗，何者是
　　也？曰，人召行敬，則雨以時而順之；曰，人君政治，則暘以時而順
　　之；曰，人君照晢，則燠以時而順之；曰，人君謀當，則寒以時而順
　　之；曰，人君通聖，則風以時而順之。此則致上文各以其次敘，庶草
　　蕃廡也。上既言失次序，覆述失次序之事，曰惡行致備極之驗，何者
　　是也？曰，君行狂妄，則常雨順之；曰，君行僭差，則常暘順之，曰，
　　君行逸豫，則常燠順之；曰，君行急躁，則常寒順之；曰，君行蒙闇，
　　則常風順之，致即致上文一極備凶，一極無凶也。」

蔡《傳》：「狂，妄；僭，差；豫，怠；急，迫；蒙，昧也。在天為五行，
　　在人為五事，五事修則休徵各以類應之，五事失則咎徵各以類應之，
　　自然之理也。然必曰某事得則某休徵應，某事失則某咎徵應，則亦膠
　　固不通，而不足與語造化之妙矣。天人之際未易言也，失得之幾，應
　　感之微，非知道者，孰能識之哉？」

胡瑗：「王者有美行之實，天從而有感應之徵，下文雨若、暘若之類是也。
　　王者有惡行之實，天亦從而報之以咎徵之事也。」（《洪範口義》）

江聲：「貌曰木，肅則貌事得，貌事得則木乞應，故時雨順之。言曰金，
　　乂則言事得，言事得則金乞應，故時暘順之。晢則視事得，視曰火，
　　火乞應，故時燠順之。謀則聽事得，聽曰水，水乞應，故時寒順之。
　　孔子曰：『聖者，通也，兼四而明。』然則聖者勹貌，聽ⅲ載之以思心
　　者，猶土之含載四行，故思心通聖，則土乞應之，土乞應，則時風順
　　之。」（《尚書集注音疏》）

朱駿聲：「休，喜也，美也。若，順也。古誼皃木、言金、視火、聽水、
　　思土，宋人易為貌水，言火、視木、聽金、思土亦適，在天為五行，
　　在人為五事，感應之機，各以類從，其理固然，必如《漢書・五行志》，
　　枝枝節節以求之則固也。」（《尚書古注便讀》）

按：此續陳庶徵之事也。休，美也；〔註 72〕君行仁政，則天應之以風調
　　雨順也。肅，敬也；乂，治也；晢，智也；謀，慮也；聖，通也；
　　俱見前「五事」節案語。若，語詞；鄭玄、偽孔釋作順，諸家多從
　　之，今人多已知其非也。〔註 73〕此言君有敬肅之容儀以治政，則天

〔註 72〕見《爾雅・釋詁》。
〔註 73〕今人曾運乾《尚書正讀》、楊筠如《尚書覈詁》、屈萬里《尚書釋義》、黎建寰

以應時之雨爲徵驗；君有修明之政治，則天以應時之日爲徵驗；君若明智，則天以應時之溫暖爲徵驗；君能爲民謀慮，則天以應時之寒冷爲徵驗；君若明通，則天以應時之風爲徵驗。咎，過也，〔註74〕災也；〔註75〕君有惡行，則天應之以各種災禍也。君若狂妄，則天降常雨爲災以應之也；君有過錯，則天以常暘（大旱）爲災以應之也；君不能見民生疾苦，則天以常熱爲災以應之也；〔註76〕君急促自用，則天以常寒爲災以應之也；君蒙闇不明，則天以常風爲災以應之也。〈洪範〉言天人感應最明顯者乃在「庶徵」一節，伏生《大傳‧五行傳》以貌配木，言配金，視配水，聽配水，思配土，宋儒改以貌配水，言配火，視配木，聽配金，思配土，清儒朱駿聲以爲皆可通，實則此皆受陰陽家之影響，非〈洪範〉原意也。箕子以雨、揚、燠、寒、風、配肅、乂、哲、謀、聖諸德，或屬傳承，或僅係概括而言，非一成不變也，然其意乃在儆戒人君修身克己，此當可以肯定也。不然，則既狂且僭之君，天如何其徵驗之耶？豈能既常雨復常暘乎？既豫且急之君，天又如何其徵驗之耶？常燠乎？常寒乎？是以人君見天應咎徵，所須反省者，當非僅一端也，宋蔡氏云：「然必曰某事得則某休徵應，某事失則某咎徵應，則亦膠固不通，而不足與語造化之妙矣。」旨哉！斯言。

曰，王省惟歲，卿士惟月，師尹惟日。歲月日時無易，百穀用成，乂用明，俊民用章，家用平康。日月歲時既易，百穀用不成，乂用昏不明，俊民用微，家用不寧。庶民惟星，星有好風，星有好雨。日月之行，則有冬有夏。月之從星，則以風雨。

　　馬融：「（王省惟歲）言王者所省職，如歲兼四時也。（星有好風，星有好雨）箕星好風，畢星好雨。」（《史記集解》引）

　　鄭玄：「所以承休徵咎徵言之者，休咎五事得失之應，其所致尚微，故大陳君臣之象，成皇極之事。其道得則其美應如此，其道失則敗德如彼，

　　　　《尚書周書考釋》俱知舊說非也。
〔註74〕見《詩‧伐木‧傳》。
〔註75〕見《說文》。
〔註76〕豫，舒緩也，本編第三章有說。《漢書‧五行志》曰：「言上不明，暗昧蔽惑，則不能知善惡。親近習，長同類，亡無功者受賞，有罪者不殺，百官廢亂，失在舒緩。」是其義也。

－128－

非徒風雨寒燠而已。」(《尚書正義》引)「(『星有好風』句)風，土也，
爲木妃；雨，木也，爲金妃；故星好焉。」(《詩·漸漸之石正義》引)
「中央土氣爲風，東方木氣爲雨，箕屬東方木，木克土，土爲妃，尚
妃之所好，故箕星好風也。西方金氣爲陰，克東方木，木爲妃，畢屬
西方，尚妻之所好，故好雨也。」(《禮記·月令正義》引)「是土十爲
木八妻，木八爲金九妻。」(《周禮·大宗伯·疏》)「故月離于箕，風
揚沙；月離于畢，俾滂沱。」(《周禮·大司徒·疏》)「推此而往，南
宮好暘，北宮好燠，中宮四季好寒也，是由己所克而得其妃，從其妃
之所好故也。」(《詩·漸漸之石正義》引，《尚書正義》引此文略同)
「(『日月之行』句)四時之間合于黃道也。」(《禮記·月令正義》引)
「(『月之從星』句)不言日者，日之從星不可見故也。」(《尚書正義》
引)

僞孔《傳》：「(王省惟歲)王所省職，兼所總群吏，如歲兼四時。(卿士
惟月)卿士各有所掌，如月之有別。(師尹惟日)眾正官之吏，分治其
職。(歲月日時無易)各順常。(百穀用成，乂用明)歲月日時無易則
百穀成，君臣無易則政治明。(俊民用章，家用平康)賢臣顯用，國家
平寧。(日月歲時既易)是三者已易，喻君臣易職。(『百穀用不成』句)
君失其柄，權臣擅命，治闇賢隱，國家亂。(『庶民惟星』句)星，民
象，故眾民惟若星，箕星好風，畢星好雨，亦民所好。(日月之行，則
有冬有夏)日月之行，冬夏各有常度，君臣政治，小大各有常法。(月
之從星，則以風雨)月經於箕則多風，離於畢則多雨，政教失常，以
從民欲，亦所以亂。」

孔《疏》：「既陳五事之休咎，又言皇極之得失，與上異端。更復言日，
王之省職，兼捴群吏，惟如歲也。卿士分居列位，惟如月也。眾正官
之長，各治其職，惟如日也，此王也、卿士也、師尹也，掌事猶歲月
日者，言皆無改易。君秉君道，臣行臣事，則百穀用此而成，歲豐稔
也；其治用是而明，世安泰也；俊民用此而章，在官位也；國家在此
而平安，風俗和也。若王也、卿士也，師尹也，掌事猶如日月歲者，
是已變易，君失其柄權，臣各專恣，百穀用此而不成，歲飢饉也；其
治用此，昏闇而不明，政事亂也；俊民用此而卑微，皆隱遁也；國家
用此而不安泰，時世亂也。此是皇極所致，得中則致善，不中則致惡，

歲月日無易，是得中也；既易，是不中也。所致善惡乃大於庶徵，故於此敘之也。既言大中治民不可改易，又言民各有心，須齊正之，言庶民之性惟若星，然星有好風，星有好雨，以喻民有好善，亦有好惡。日月之行，則有各有夏，言日月之行，各夏各有常道，喻君臣為政，小大各有常法，若日月失其常道，則天氣從而改焉，月之行度失道，從星所好以致風雨，喻人君政教失常，從民所欲，則致國亂，故常立用大中以齊正之，不得從民欲也。」

蔡《傳》：「歲月日以尊卑為徵也。王者之失得，其徵以歲；卿士之失得，其徵以月；師尹之失得，其徵以日。蓋雨、暘、燠、寒、風五者之休咎，有係一歲之利害，有係一月之利害，有係一日之利害，各以其大小言也。歲月日三者，雨、暘、燠、寒、風不失其時，則其效如此，（按指「百穀用成，乂用明，俊民用章，家用平康」）休徵所感也。日月歲三者，雨、暘、燠、寒、風既失其時，則其害如此（按指「百穀用不成，乂用昏不明，俊民用微，家用不寧」）咎徵所致也。休徵言歲日月者，總於大也；咎徵調日月歲者，著其小也。民之麗乎土，猶星之麗乎天也，好風者箕星，好雨者畢星，《漢志》言軫星亦好雨，意者星宿皆有所好也。日有中道，月有九行。中道者，黃道也，北至東井，去極近，南至牽牛，去極遠，東至角，西至婁，去極中是也。為行者，黑道二出黃道北，赤道二出黃道南，白道二出黃道西，青道二出黃道東，并黃道為九行。日極南至於牽牛則為冬至，極北至於東井則為夏至，南北中，東至角，西至婁，則為春秋分月。立春、春分從青道，立秋、秋分從白道，立冬、冬至從黑道，立夏、夏至從赤道，所謂日月之行，則有多有夏也。」

蘇軾：「自此以下，皆五紀之文也，簡編脫誤，是以在此，其文當在五日歷數之後。莊子曰：『除日無歲』，王省百官，兼有司之事，如歲之總日月也。卿士亦不侵師尹之職也。歲月日時相奪，則百穀不成，君臣相侵，則治不明，俊民微，而冢不寧。箕好風，畢好雨，月在箕則多風，在畢則多雨，言歲之寒燠由日月，其風雨由星，以明卿士之能為國休戚，庶民之能為君禍福也。」（《東坡書傳》）

呂祖謙：「歲功有統紀，治功亦有統體，前所言天之應也，此所言人之為也。……星有好風好雨之不同，庶民亦有嗜慾之不同，日月之行，有

冬有夏，自有統體，若不可有所徇，而經箕多風，離畢多雨局汲汲於
從星，何也？然則安可謂治之自有統體，而恝然不從民欲乎？」（《增
修東萊書說》）

朱駿聲：「日者亦箕子申言之也。省，察視也。……當其可之謂時。傷，
易也，猶變也。乂，燮也，治也。才過千人曰俊。章，彰也，纍也。……
既，已詞也。昏，昏也，不憭也。微，散也，猶隱也。寧，寧也，安
也。……星，恒星也，七百八十有三座，大小一千八百七十有八，民
之眾似之。好風謂箕，好雨謂畢。」（《尚書古注便讀》）

按：此言王、卿士、師尹皆須念用庶徵也。休咎之徵各象其事，與王共
事者，卿士、師尹也，則庶徵之來，王與卿士，師尹皆當省其致之
之由也。王則計一歲之內庶徵之休咎以省之，卿士則計一月之內庶
徵之休咎以省之，師尹則計一日之內庶徵之休咎以省之，所省多則
其責重，所省少則其責輕，蓋其所處之分然也。偽孔《傳》以爲歲
月日比喻政事之大小，此則與念用庶徵無涉矣。諸儒又多以王者所
省職大，而略如歲之總日月，卿士、師尹之職小，而詳如日月運行
以成歲，此皆申偽孔之說而已，毋怪乎宋儒蘇軾、余薰皆以爲此節
八十七字應移至「五曰歷數」之下也。〔註77〕，然公既知此節乃言
君臣皆須念用庶徵，則自無需再以爲此脫簡誤編也。且五紀一節重
在天象自然之循環，所以紀時推算曆譜者也，所重者在天，非人也；
而此八十七字雖亦言歲月日，然重在人，不在天也，故與五紀所強
調者無關。又，本節所謂時乃指四時（時令節候），本春、夏、秋、
冬之謂，引申之爲歲，月、日、刻之用，此前已有言，因之，此八
十七字所述者正時之徵驗，不然，則雨、暘、雨、塞、風皆有休咎
之徵，獨此時無，則〈洪範〉之第八疇應名「五徵」，非「庶徵」，
以是知此八十字確言時之徵驗無疑，如此則自與五紀節全然無涉
矣。此節謂王計一歲，卿士計一月，師尹計一日之內庶徵之休咎以
省之。歲月日時均無變易，則百穀因而成熟，〔註78〕，政治以此修
明，才俊之士以此而彰顯在位，國家亦因而安平康寧矣。（此休徵也）
若歲序錯亂，則百穀以此不能成熟，政治以此昏亂不明，才俊之士

〔註77〕蘇軾之說前已引，余薰上書之事則見宋龔明著《中吳紀聞》。
〔註78〕百穀之百乃虛數，謂眾多也，見《後漢書·明帝紀·注》。用，由也（見註54），
以也（《一切經音義》引〈倉頡篇〉）。成，熟也（《呂氏春秋·明理·注》）。

以此而隱匿不仕，國家亦因而不能安寧矣。（此咎徵也）庶民之治生，以觀察星象爲主，（庶民無庸省察休咎之徵也）箕星好風，畢星好雨，日月之運行，則有冬有夏，（舉冬夏即所以包春秋）月經箕、畢二星則有風雨之變。（按月經箕星之時，正值中國中原之風季，月經畢星之時，正值雨季，先民不知其所以然，故以爲箕星好風，畢星好雨。又庶民須觀測星象者，以中國農業社會，庶民之職在服田力穡，而農事以風雨爲急，故其所省特在星耳。僞孔《傳》以星象眾民，說嫌牽強，近人屈萬里先生《尚書今註今譯》以星爲民眾之象徵，云「日月之行，則有冬有夏」，意謂天子、卿士固可成就國家大事，「月之從星，則以風雨」，意謂百姓雖微賤，亦可影響政府；依此說則箕子口述此乃用象徵句法，此誠令人難信也，故茲不取。）

九、五福：一曰壽，二曰富，三曰康寧，四曰攸好德，五曰考終命。
　　六極：一曰凶短折，二曰疾，三曰憂，四曰貧，五曰惡，六曰弱。

馬融：「凶，終也。」（《經典釋文》引）

鄭玄：「此數本諸其尤者，福是人之所欲，以尤欲者爲先；極是人之所惡，以尤所不欲者爲先；以下緣人意輕重爲次耳。」（《尚書正義》引）「康寧，人平安也；攸好德，人皆好有德也；考終命，考，成也，終性命謂皆生佼好以至老也。此五者皆是善事，自天受之，故謂之福，福者，備也，備者，大順之總名。」（《詩‧既醉‧正義》引）「未齔曰凶，未冠曰短，未婚曰折，愚懦不壯毅曰弱。」（《史記集解》、《尚書正義》引）「凶短折皆是夭枉之名。凶短折，思不睿之罰；疾，視不明之罰；憂，言不從之罰；貧，聽不聰之罰；惡，貌不恭之罰；弱，皇不極之罰。反者而云，王者思睿則致壽，聽聰則致富，視明則致康寧，言從則致攸好德，貌恭則致考終命。」（《尚書正義》引）

僞孔《傳》：「壽，百二十年。富，財豐備。康寧，無疾病。攸好聽，所好者德，福之道。考終命，各成其短長之命以自終，不橫夭。凶短折，動不遇吉，短，未六十，折，未三十，言辛苦。疾，常抱疾苦。憂，多所憂。貧，困於財。惡，醜陋。弱，尫劣。」

孔《疏》：「五福者，謂人蒙福祐有五事也。一曰壽，年得長也。二曰富，家豐財厚也。三曰康寧，無疾病也。四曰攸好德，性所好者美德也。五曰考終命，成終長短之命，不橫夭也。六極謂窮極惡事有六，一曰

凶短折，遇凶而橫夭性命也。二曰疾，常抱疾病。三曰憂，常多憂。四曰貧，困之於財。五曰惡，貌狀醜陋。六曰弱，志力尩劣也。五福六極，天實得爲之，而歷言此者，以人生於世有此福極，爲善致福，爲惡致極，勸人君使行善也。」

蔡《傳》：「人有壽而後能享諸福，故壽先之。富者，有廩祿也。康寧者，無患難也。攸好德者，樂其道也。考終命者，順受其正也。以福之急緩爲先後。凶者，不得其死也。短折者，橫夭也。禍莫大於凶短折，故先言之。疾者，身不安也。憂者，心不寧也。貧者，用不足也。惡者，剛之過也。弱者，柔之過也。以極之重輕爲先後。五福六極，在君則係於極之建不建，在民人則由於訓之行不行，感應之理微矣。」

蘇軾：「福之反則極也，極之對則福也，五與六豈其盡之？皇極之建則多福，不建則多極，皆大其略也，必曰何以致之，則過矣。」（《東坡書傳》）

俞樾：「今文家說以好德與惡對，則好字讀如美好之好，其說似較古文爲長。……古字攸與修通，攸好德即修好德，如孟子所謂『飽乎仁義，不願人之膏粱，令聞廣譽施於身，不願人之文繡』，是亦福也。」（《群經平議》）

王鳴盛：「天下福極皆君身所致，故人平安，人皆好德，即爲人君之福，然則壽富等皆兼天下臣民而言，不專指君身，王肅專指人君，非也。」（《尚書後案》）

馮登府：「問：『九、五福』言富不言貴，或曰富可以兼貴；五福首壽，或曰當以富爲首，有說可據乎？曰：《說苑・建本篇》云：『《尚書》五福以富爲始』，《郊特牲》：『富者，福也。』鄭注《曲禮》：『富者，備也。』富無所不備，則貴在其中，故五福以爲首，劉向之說或可據與？《史記》、《漢・五行志》仍以壽爲首。」（《十三經詁答問》）

按：庶徵者，應之在天也。就人身而論，亦有應焉，五福六極是也。易言之，王道行否之最終徵驗在五福六極也。王道行，天降五福，反之則降六極矣。鄭玄以爲福是人之所欲，以尤欲者爲先，此說極是，壽爲人之所尤欲，故以之爲五福之首，劉向《說苑》以富爲先，其說非是。壽者，僞孔《傳》以爲百二十年，其說當據《左・僖三十

二年》「中壽」注，〔註79〕，此則謂高壽，不必以爲必指多少年也。康寧同義，安也。〔註80〕攸，語詞；好德之好爲形容詞，非動詞，好德者，美德也。俞曲園舉孟子之語「飽乎仁義，不願人之膏粱；令聞廣譽施於身，不願人之文繡」，〔註81〕以證美德亦福，其說是，唯曲園以攸爲修則非是矣，以五福天之所降，若釋爲修好德，則是人爲，非天之所降以美於人者也。〔註82〕考終命，考，老也，或曰七十歲，或曰五十歲。〔註83〕終命者，即今之所謂終天年也，能享其天年，非遭橫夭者，雖未必長壽，然亦天所降之福也。極者，福之反，窮困災害也。凶、短、折俱夭死之名。鄭玄以爲未齔曰凶，未冠曰短，未婚曰折，則凶，短、折分別謂未滿八歲、二十、三十也。〔註84〕僞孔《傳》之說與此略異，然均以爲夭死也。惡者，刑戮也，〔註85〕遭遇凶死也，此正考終命之反也。蔡沈釋之爲「剛之過」，恐非其本義。弱之義，綜合鄭玄、僞孔《傳》之說，則當係指形體、精神俱衰弱。本節謂王道實行，則天降五福：一者高壽，二者富裕，三者健康安寧，四者美德，五者安享天命。天道不行，則天降六極：一者夭折，二者疾病，三者憂愁，四者貧困，五者遭遇凶死，六者衰弱。（按：此五福六極或降於君，或降於人，蔡沈謂「五福六極，在君則係於極之建不建，在民則係於訓之行不行」是也。）

〔註79〕 《左傳·僖公三十二年》「中壽」《注》：「上壽百二十年」。

〔註80〕 《爾雅·釋詁》：「康，安也。」寧爲寍之假字，《說文》：「寍，安也。」段《注》：「此安寧正字，今則寧行而寍廢也。」

〔註81〕 孟子此語原載《孟子·告子下》。

〔註82〕 說見黎建寰：《尚書周書考釋》，臺灣師範大學國文研究所 1975 年博士論文。

〔註83〕 《說文》：「七十曰老。」皇侃《論語集解義疏》：「五十爲老。」

〔註84〕 《說文》：「齔，毀齒，第八歲而齔。」《禮記·曲禮》：「二十曰弱冠」。《大戴禮》：「男三十，女二十，有昏娶。」

〔註85〕 見《荀子·富國·注》。

參考書目

（一）《尚書》專著（含期刊論文）

1. 《尚書正義》，漢孔安國傳，唐孔穎達疏，藝文印書館印行。
2. 《古文尚書馬鄭注》，清孫星衍輯，《岱南閣叢書》本，藝文印書館印行。
3. 《書經集傳》，宋蔡沈撰，大方出版社印行。
4. 《東坡書傳》，宋蘇軾撰，《學津討原》本，藝文印書館印行。
5. 《融堂書解》，宋錢時撰，《四庫全書珍本》，臺灣商務印書館印行。
6. 《尚書全解》，宋林之奇撰，《通志堂經解》本，大通書局印行。
7. 《尚書精義》，宋黃倫撰，《四庫全書珍本》，臺灣商務印書館印行。
8. 《書疑》，宋王柏撰，《通志堂經解》本，大通書局印行。
9. 《尚書說》，宋黃度撰，《通志堂經解》本，大通書局印行。
10. 《洪範統一》，宋趙善湘撰，《四庫全書珍本》，臺灣商務印書館印行。
11. 《洪範口義》，宋胡瑗撰，《四庫全書珍本》，臺灣商務印書館印行。
12. 《尚書詳解》，宋夏僎撰，聚珍本，藝文印書館印行。
13. 《尚書詳解》，宋胡士行撰，《通志堂經解》本，大通書局印行。
14. 《尚書詳解》，宋陳經撰，聚珍本，藝文印書館印行。
15. 《尚書集傳或問》，宋陳大猷撰，《通志堂經解》本，大通書局印行。
16. 《尚書表注》，元金履祥撰，《通志堂經解》本，大通書局印行。
17. 《定正洪範集說》，元胡一中撰，《通志堂經解》本，大通書局印行。
18. 《尚書通考》，元黃鎮成撰，《通志堂經解》本，大通書局印行。
19. 《讀書管見》，元王充耘撰，《通志堂經解》本，大通書局印行。
20. 《尚書集傳纂注》，元董鼎撰，《通志堂經解》本，大通書局印行。

21. 《書纂言》，元吳澄撰，《通志堂經解》本，大通書局印行。

22. 《書集傳纂疏》，元陳櫟撰，《通志堂經解》本，大通書局印行。

23. 《尚書纂傳》，元王天與撰，《通志堂經解》本，大通書局印行。

24. 《書義斷法》，元陳悅道撰，《四庫全書珍本》，臺灣商務印書館印行。

25. 《讀書叢說》，元許謙撰，《學海類編》本，藝文印書館印行。

26. 《尚書疑義》，明馬明衡撰，《四庫全書珍本》，臺灣商務印書館印行。

27. 《增修東萊書說》，明呂祖謙撰，《通志堂經解》本，大通書局印行。

28. 《尚書辨解》，明郝敬撰，《湖北叢書》本，藝文印書館印行。

29. 《尚書說要》，明呂柟撰，《惜陰軒叢書》本，藝文印書館印行。

30. 《洪範正論》，清胡渭撰，《四庫全書珍本》，臺灣商務印書館印行。

31. 《尚書地理今釋》，清蔣廷錫撰，《皇清經解》本，藝文印書館印行。

32. 《尚書集注音疏》，清江聲撰，《皇清經解》本，藝文印書館印行。

33. 《尚書後案》，清王鳴盛撰，《皇清經解》本，藝文印書館印行。

34. 《古文尚書撰異》，清段玉裁撰，《皇清經解》本，藝文印書館印行。

35. 《尚書今古文注疏》，清孫星衍撰，《皇清經解》本，藝文印書館印行。

36. 《尚書注疏校勘記》，清阮元撰，《皇清經解》本，藝文印書館印行。

37. 《尚書今古文集解》，清劉逢祿撰，《皇清經解續編》本，藝文印書館印行。

38. 《書序述聞》，清劉逢祿撰，《皇清經解續編》本，藝文印書館印行。

39. 《尚書大傳輯校》，清陳壽祺撰，《皇清經解續編》本，藝文印書館印行。

40. 《尚書餘論》，清丁晏撰，《皇清經解續編》本，藝文印書館印行。

41. 《今文尚書經說考》，清陳喬樅撰，《皇清經解續編》本，藝文印書館印行。

42. 《尚書歐陽夏侯遺說考》，清陳喬樅撰，《皇清經解續編》本，藝文印書館印行。

43. 《逸周書集訓校釋》，清朱右曾撰，《皇清經解續編》本，藝文印書館印行。

44. 《書說》，清郝懿行撰，《郝氏遺書》本，藝文印書館印行。

45. 《尚書微》，清劉光蕡撰，《關中叢書》本，藝文印書館印行。

46. 《尚書古注便讀》，清朱駿聲撰，廣文書局印行。

47. 《尚書埤傳》，清朱鶴齡撰，《四庫全書珍本》，臺灣商務印書館印行。

48. 《尚書孔傳參正》，王先謙撰，光緒三十年虛受堂刊本。

49. 《尚書大義》，吳闓生撰，中華書局印行。

50. 〈洪範疏證〉，劉節撰，《東方雜誌》第二十五卷第 1 期。

51. 《今文尚書正偽》，李泰棻撰，臺灣力行書局印行。

52. 《高本漢書經注釋》，陳舜政譯，中華叢書編審委員會印行。

53. 《尚書釋義》，屈萬里撰，華岡出版部印行。

54. 〈漢石經尚書殘字集證〉，屈萬里撰，《中研院史語所專刊》49 期。

55. 《尚書今註今釋》，屈萬里撰，臺灣商務印書館印行。

56. 《尚書正讀》，曾運乾撰，華正書局印行。

57. 《尚書覈詁》，楊筠如撰，學海出版社印行。

58. 〈洪範約義〉，馬浮撰，見《復性書院講錄》，廣文書局印行。

59. 〈中國古代之政治綱領──洪範九疇〉，張其昀撰，《人生雜誌》三十一卷第一期。

60. 〈洪範衍義〉，王震撰，《人生雜誌》第三十一卷第五期。

61. 〈洪範五紀說〉，戴君仁撰，《孔孟學報》第十二期。

62. 〈尚書斠證〉，王叔岷撰，《中央研究院歷史語言研究所集刊》三十六期。

63. 《尚書新證》，于省吾撰，藝文印書館印行。

64. 〈西周書文體辨〉，錢穆撰，《新亞學報》第三卷第一期。

65. 〈從唐玄宗改尚書洪範「頗」字為「陂」字中得到一個教訓〉，許世瑛撰，《孔孟月刊》第一卷第十二期。

66. 〈尚書洪範之政治哲學〉，尚遠齋撰，《建設月刊》十卷九期。

67. 〈陰陽五行觀念之演變及若干有關文獻的成立時代與解釋的問題〉，徐復觀撰，《民主評論》十二卷十九、二十、二十一期。

68. 《尚書異文集證》，朱廷獻撰，中華書局印行。

69. 《尚書大綱》，吳康撰，臺灣商務印書館印行。

70. 《尚書鄭氏學》，陳品卿撰，國立臺灣師範大學博士論文。

71. 《尚書周書考釋》，黎建寰撰，國立臺灣師範大學博士論文。

（二）其　他

1. 《周易正義》，魏王弼、韓康伯注，唐孔穎達正義，藝文印書館印行。

2. 《毛詩正義》，漢毛公傳，鄭玄箋，唐孔穎達正義，藝文印書館印行。

3. 《左傳正義》，晉杜預注，唐孔穎達正義，藝文印書館印行。

4. 《國語》，吳韋昭注，藝文印書館印行。

5. 《楚辭》，漢王逸章句，宋洪興祖補注，藝文印書館印行。

6. 《周禮注疏》，漢鄭玄注，唐賈公彥疏，藝文印書館印行。

7. 《儀禮注疏》，漢鄭玄注，唐賈公彥疏，藝文印書館印行。

8. 《禮記正義》，漢鄭玄注，唐孔穎達正義，清孫希旦集解，藝文印書館（禮記正義）、文史哲出版社（禮記集解）。

9. 《春秋穀梁傳注疏》，晉范寧注，唐楊士勛疏，藝文印書館印行。

10. 《論語注疏》，魏何晏集解，宋邢昺疏，藝文印書館印行。

11. 《孟子注疏》，漢趙岐注，宋孫奭疏，藝文印書館印行。

12. 《墨子閒詁》，清孫詒讓撰，世界書局印行。

13. 《莊子集釋》，清郭慶藩撰，明倫出版社印行。

14. 《荀子集解》，清王先謙撰，蘭台書局印行。

15. 《爾雅注疏》，晉郭璞注，宋邢昺疏，藝文印書館印行。

16. 《呂氏春秋集釋》，民國許維遹撰，世界書局印行。

17. 《淮南子》，漢劉安撰，高誘注，世界書局印行。

18. 《春秋繁露》，漢董仲舒撰，臺灣商務印書館印行。

19. 《說苑》，漢劉向撰，世界書局印行。

20. 《史記》，漢司馬遷撰，晉裴駰集解，唐司馬貞索隱，唐張守節正義，日人瀧川龜太郎考證，宏業書局印行。

21. 《論衡》，漢王充撰，世界書局印行。

22. 《潛夫論》，漢王符撰，藝文印書館印行。

23. 《漢書》，漢班固撰，唐顏師古注，樂天書局印行。

24. 《白虎通德論》，漢班固撰，清陳立疏證，《皇清經解續編》本，藝文印書館印行。

25. 《說文解字》，漢許慎撰，清段玉裁注，蘭台書局印行。

26. 《釋名》，漢劉熙撰，清畢沅注，鼎文書局印行。

27. 《廣雅》，魏張揖撰，清王念孫注，廣文書局印行。

28. 《後漢書》，南朝宋范曄撰，唐李賢等注，樂天書局印行。

29. 《柳河東集》，唐柳宗元撰，河洛圖書出版社印行。

30. 《初學記》，唐徐堅編，鼎文書局印行。

31. 《北堂書鈔》，唐虞世南編，新興書局印行。

32. 《經典釋文序錄》，唐陸德明撰，清吳承仕疏證，新文豐出版公司印行。

33. 《詩集傳》，宋朱熹撰，中華書局印行。

34. 《困學紀聞》，宋王應麟撰，世界書局印行。

35. 《廣韻》，宋陳彭年等撰，聯貫出版社印行。

36. 《新唐書》，宋歐陽修、宋祁等撰，鼎文書局印行。

37. 《唐會要》，宋王溥撰，世界書局印行。

38. 《太平御覽》，宋李昉等編，新興書局印行。

39. 《易纂言》，元吳澄撰，《通志堂經解》本，大通書局印行。

40. 《毛詩古音考》，明陳第撰，齊忠堂刊行。

41. 《四部正譌》，明胡應麟撰，臺灣商務印書館印行。

42. 《顧亭林遺書彙集》，明顧炎武撰，中華文獻出版社印行。

43. 《群經補義》，清江永撰，《皇清經解》本，藝文印書館印行。

44. 《十駕齋養新錄》，清錢大昕撰，《皇清經解》本，藝文印書館印行。

45. 《讀書脞錄》，清孫志祖撰，《皇清經解》本，藝文印書館印行。

46. 《經史問答》，清全祖望撰，《皇清經解》本，藝文印書館印行。

47. 《左海經辨》，清陳壽棋撰，《皇清經解》本，藝文印書館印行。

48. 《讀書雜志》，清王念孫撰，《皇清經解》本，藝文印書館印行。

49. 《經義述聞》，清王引之撰，《皇清經解》本，藝文印書館印行。

50. 《經傳釋詞》，清王引之撰，《皇清經解》本，藝文印書館印行。

51. 《九經古義》，清惠棟撰，《皇清經解》本，藝文印書館印行。

52. 《經學巵言》，清孔廣森撰，《皇清經解》本，藝文印書館印行。

53. 《周易稗疏》，清王夫之撰，《皇清經解續編》本，藝文印書館印行。

54. 《群經平議》，清俞樾撰，《皇清經解續編》本，藝文印書館印行。

55. 《十三經詁答問》，清馮登府撰，《皇清經解續編》本，藝文印書館印行。

56. 《經傳小記》，清劉台拱撰，《皇清經解續編》本，藝文印書館印行。

57. 《經說略》，清黃以周撰，《皇清經解續編》本，藝文印書館印行。

58. 《東塾讀書記》，清陳澧撰，《皇清經解續編》本，藝文印書館印行。

59. 《惜抱軒全集》，清姚鼐撰，世界書局印行。

60. 《六書音均表》，清段玉裁撰，見說文解字注附錄，蘭台書局印行。

61. 《音學十書》，清江有誥撰，學生書局印行。

62. 《黃氏逸書考》，清黃奭輯，藝文印書館印行。

63. 《詩經通論》，清姚際恒撰，廣文書局印行。

64. 《觀堂集林》，王國維撰，河洛圖書出版社印行。

65. 《章氏叢書》，章太炎撰，世界書局印行。

66. 《新學僞經考》，康有爲撰，盤庚出版社印行。

67. 《梁啓超學術論叢》，梁啓超撰，南嶽出版社印行。

68. 〈陰陽五行說之來歷〉，梁啓超撰，《東方雜誌》二十卷十號。

69. 《胡適文存》，胡適撰，遠東圖書公司印行。

70. 《中國哲學史大綱》，胡適撰，臺灣商務印書館印行。

71. 《中國哲學史》，馮友蘭撰。

72. 《中國哲學史綱要》，范壽康撰，臺灣開明書店印行。

73. 《偽書通考》，張心澂輯，宏業書局印行。

74. 《兩漢經學今古文平議》，錢穆撰，東大圖書公司印行。

75. 《詩經釋義》，屈萬里撰，華岡出版社印行。

76. 《詩經通釋》，王靜芝撰，輔仁大學文學院叢書。

77. 〈武王代紂年月日今考〉，董作賓撰，《臺大文史哲學報》三期。

78. 〈武王伐紂年初考〉，李震撰，《出版與研究》五十九期。

79. 《中國通史》，傅樂成撰，大中國圖書公司印行。

80. 《中國文字學》，唐蘭撰，臺灣開明書店印行。

81. 《中國文字學》，龍宇純撰，學生書局印行。

82. 《文字學概說》，林尹撰，正中書局印行。

83. 《漢語音韻學》，董同龢撰，學生書局印行。

84. 《邏輯概論》，伊文‧柯比（Irving M. Copi）撰，張身華譯，幼獅書店印行。

85. 《古音學發微》，陳新雄撰，文史哲出版社印行。

86. 《孔子哲學思想源流》，唐華撰，正中書局印行。

87. 《石經叢刊初編》，許東方主編，信誼書局印行。

88. 〈有關老子其人其書的再檢討〉，徐復觀撰，見《中國人性論史‧附錄》，臺灣商務印書館印行。

89. 《鄒衍遺說考》，王夢鷗撰，臺灣商務印書館印行。

90. 《禮記今註今譯》，王夢鷗撰，臺灣商務印書館印行。

91. 《左傳會箋》，日‧竹添光鴻撰，廣文書局印行。

附錄一：《尚書》小論

一、《尚書》的性質及其地位

　　中國經書中的要典，出自上古史官之手的《尚書》，就其今傳之二十九篇內容觀之，可以說多數是君王的文告與君臣的談話紀錄。〔註1〕因此，作爲「中國上古歷史文獻和部分追求古代事迹著作的匯編」的《尚書》，〔註2〕以今人的眼光來看，通常會以之爲「史學類書」。〔註3〕事實上，《尚書》的內容，無論是依古人所分的「典」、「謨」、「訓」、「誥」、「誓」、「命」六種體式，或是再加上「貢」、「歌」、「徵」、「範」而爲十體，〔註4〕或是如今人所說的，「大

〔註1〕　《禮記・玉藻》謂君王「動則左史書之，言則右史書之」，古代君王之「動」與「言」，由史官加以記錄，然後透過儒家學者的編纂，即是吾人所讀之《尚書》。

〔註2〕　引文見錢宗武《尚書入門・前言》。貴州人民出版社印行。

〔註3〕　屈萬里《古籍導讀》：「以今日學科分類之眼光視之……，《尚書》及《春秋》三《傳》，實爲史學類書。」

〔註4〕　六體之分見《尚書・序》，十體之分見孔穎達《尚書正義》。案：或謂六體之分已足，如宋儒林之奇即云：「《書》之名篇，非成於一人之手，蓋歷代史官各以其意標識其所傳之簡冊，以爲別異，非如《春秋》之書，盡出於夫子之所刪定，而可以一例通也。故《書》之爲體，雖盡於『典』、『謨』、『訓』、『誥』、『誓』、『命』之六者，然而以篇名求之，則不皆繫以此六者之名也。雖不皆繫六者之名，然其體則無以出於六者之外。先儒拘於名篇之有無而不知變，遂以『征』、『貢』、『歌』、『範』爲十體，殊不知〈洪範〉之作蓋箕子爲武王歷陳治天下之大法，其實『謨』之體也，〈洪範〉者，徒以史官傳錄之時，偶不以『謨』、『訓』名篇耳。凡有異者各自爲體，則將至於數十篇，而猶未足也。今徒見其篇名有一『範』字，遂以爲有『範』之體，如此則是《書》之篇名，非據篇中『洪範』二字以爲簡冊之別也，學者能知《書》之篇名雜出

體包括三個部類：一類是君主對臣民的訓詞或誓詞；一類是臣下對君主的勸告或建議；再一類是其他古史傳說資料」，〔註5〕以之爲「史學類書」，絕對可以合乎今日圖書分類之標準。在張舜徽（1911～1992）先生主編的《中國史學名著題解》中，《尚書》被安置在「古史類」裡，成爲此類史書中的第一部，就是因爲此書爲「記上古之事的」「我國古代最早的一部文件匯編」。〔註6〕

從圖書分類及圖書史的角度觀之，《尚書》的性質及其意義大約僅止於我國最早的一部史書而已，然而《尚書》在古人心目中卻是一部不折不扣的經書，它與《易》、《詩》、《禮》、《樂》、《春秋》都是儒家創始人孔子（551-479 B.C.）在整理古文獻的基礎上編定的，作爲孔子辦教育的教材流行於春秋戰國之際。〔註7〕

《尚書》既被目之爲經書，則其性質就不僅僅在「記述人類賡續活動之體相」，〔註8〕而是一部提供古聖先哲的經驗傳授和道德教訓的寶典了。〔註9〕

《隋書‧經籍志》云：

> 夫經籍也者，機神之妙旨，聖哲之能事，所以經天地，緯陰陽，正紀綱，弘道德。顯仁足以利物，藏用足以獨善，學之者將殖焉，不

於史官之手，而不可以一例通，則『典』、『謨』、『訓』、『誥』、『誓』、『命』之體，昭昭然若日星而不可掩矣。」《尚書全解》，卷二十四。

〔註5〕引文見李思敬：《五經四書說略》，頁54。台灣商務印書館印行。此外，今人葉國良表示，「林氏所舉六種文體，《今文尚書》只有五種。所謂「訓」，《今文尚書》無，僞《古文尚書》則有〈伊訓〉，記大臣伊尹告誡新君太甲之語。所謂「典」，例如〈堯典〉，乃是記載重要史事的文章。所謂「謨」，例如〈皐陶謨〉，乃是記錄臣下對君主的進言。所謂「誥」，例如〈大誥〉，乃是君主對臣民的告示。所謂「誓」，例如〈甘誓〉，乃是君主宣誓之辭，多爲戰爭而發。所謂「命」，例如〈顧命〉，乃是君主對臣下的詔命。以上所舉，從其篇名即可知其文章的性質與大致內容。但《尚書》篇名，並不盡然如此，也有以人名命名的，如〈盤庚〉、〈微子〉；有以事爲篇名的，如〈高宗肜日〉、〈西伯戡黎〉；有以內容爲篇名的，如〈禹貢〉、〈洪範〉、〈無逸〉。總之，《尚書》的篇名透露出它的內容與性質，如能有以上的認識，可以較迅速的掌握全書的內涵。」此說可參。見〈尚書概說〉，收入葉國良、李隆獻合著：《羣經概說》，大安出版社，第二章。

〔註6〕引文見張舜徽主編：《中國史學名著題解》，頁1。中國青年出版社印行。

〔註7〕參閱《中國古典文獻學》，頁88。木鐸出版社印行。

〔註8〕梁啓超《中國歷史研究法》第一章：「史者何？記述人類社會賡續活動之體相，校其總成績，求得其因果關係，以爲現代一般人活動之資鑑者也。」

〔註9〕「寶典」兩字正能點明經書在古人心目中的崇高地位，如張華《博物志》就直指「聖人制作曰經」，劉勰《文心雕龍‧宗經》也說：「三極彝訓，其書曰經。經也者，恆久之至道，不刊之鴻教也。」

　　學者將落焉。大業崇之，則成欽明之德；匹夫克念，則有王公之重。
　　其王者之所以樹風聲，流顯號，美教化，移風俗，何莫由乎斯道！
　　（《隋書》，卷三十二）

《尚書》身爲「五經」或「六藝」之一，和其他經典共同構成傳統思想文化的主體，內容又偏重於嘉言懿行的褒揚，如此其性質與眞正的史書大異其趣，其地位遠非一般史籍所能望及項背，也就其來有自了。

　　因此，我們可以這麼說，從圖書史的角度來看，《尚書》是史書，從文化史的角度來看，《尚書》是經書，亦即，《尚書》是亦經亦史，兼具經學與史學價值之著作，今人有謂群經「只是幾部七拼八湊、殘缺不全的古書」，《尚書》只不過是「一本殘缺不全的殷、周雜史」，可謂標準的一曲之見。〔註10〕（案：經典受到重視，舉世皆然，有如黑格爾（Hegel, Georg Wilhelm Friedrich, 1770～1831）所言，經典是自身有意義的，它可以自我解釋，又如加達默爾（Hans-Georg Gadamer, 1900～2002）所說，「經典是超乎不斷變化的時代及其趣味之變遷的」，經典之所以是經典，就在於它不僅屬於某一特定時代的時間和空間，而且能克服歷史距離，對不同時代甚至不同地點的人說話）

二、《書》之名義及其原始作者

　　《尚書》雖然貴爲「五經」或「六藝」之一，但先秦典籍言及此書，皆僅以《書》名之。比較容易引起異議的是《墨子・明鬼下》有「尚書〈夏書〉，

〔註10〕引文分別見：《史料與史學》，頁24、25。木鐸出版社印行。案：言及《尚書》的特色與價值，李師威熊〈易經常識〉從古史資料、文字古樸、政治指針三個方面予以說明，其說可參：「（一）古史資料。《尚書》保存了虞、夏、商、周四代珍貴的史料，爲研究上古史的重要文獻，司馬遷寫五帝、夏、商、周本紀，所用的資料，則大多取自《尚書》。（二）文字古樸。《尚書》文體，以記言爲多，雖文字難讀，但借此可以了解上古語言的狀況。韓愈在〈進學解〉評《尚書》的文章說：『周誥殷盤，詰屈聱牙。』實因《尚書》多方言、通假字，又文言與白話夾雜不一的緣故。但其文字古樸，可以看出早期文章的風貌。（三）政治指針。《尚書》既然是古代王宮的檔案資料，當然與政治有密切的關係。如它記載了堯、舜禪讓的事迹，以及周代文王、武王、周公的德化政治和禮治。其他如夏禹治水任土作貢的稅則，〈泰誓〉的『天視自我民視，天聽自我民聽。』〈皋陶謨〉的『天聰明，自我民聰明；天明畏，自我民明威。達於上下，敬哉有土。』已具有相當高的民主精神，這些對後世的政治思想和政治制度，都有很大的影響，所以《荀子・勸學篇》說：『夫《書》者，政事之紀也。』」《國學常識與應用文》，上冊。空中大學印行。

其次商、周之書」之語，清儒江聲（1722～1799）《尚書集注音疏》、簡朝亮（1852～1933）《尚書集注述疏》及近人張西堂（1901～1960）《尚書引論》皆依此而謂「《尚書》之名，舊名也，不自伏生始矣」。〔註11〕然而，《墨子》「尚書」之詞，非必指今之《書經》，〈明鬼下〉歷述〈周書〉、〈商書〉、〈夏書〉言鬼神之語。而總案之云：

> 古聖王必以鬼神爲賞賢而罰暴，是故賞必於祖，而僇必於社，此吾所以知〈夏書〉之鬼也。故尚書夏書，其次商、周之書，語數鬼神之有也。重有重之，此其故何也？則聖人務之，以若書之說觀之，則鬼神之有，豈可疑哉！

依近人屈萬里（1907～1979）之見，《墨子》所用「尚書」二字乃形容〈夏書〉之古，是泛語，而非專名，屈氏又疑〈明鬼〉之著成當在戰國中葉之後，是爾時《墨經》雖有「尚書」之名，而固非後世儒家所謂《尚書》之實；〔註12〕從〈明鬼〉上下文句判斷，《墨子》所言「尚書」確非書名，不唯如此，孫詒讓（1848～1908）《墨子閒詁》於《墨子》此語作「故尚者夏書」，注云：

> 「尚者」，舊本作「尚書」，王云「尚書夏書，文不成義。尚與上同，書當爲者，言上者則夏書，其次商、周之書也，此涉上下文『書』字而誤」。案王說是也，今據正。〔註13〕

由於缺乏實證，謂《墨子》「尚書」二字爲「尚者」之誤，僅可備覽，雖然，先秦典籍以《書》爲今《尚書》之名，殆無疑義。

先秦以《書》名今之《尚書》，此「書」之名義，吾人理當先求之《尚書》本書：

> 太史秉書，由賓階隮，御王冊命。（〈顧命〉）

僞孔《傳》：「太史持冊書顧命進康王，故同階。」此處所言之「書」係指寫著成王遺命之策書。此外，《尚書》本文又有下列之句：

> 乃卜三龜，一習吉。啓籥見書，乃并是吉。（〈金縢〉）

僞孔《傳》：「三兆既同吉，開籥見占兆書，乃亦并是吉。」王引之《經義述聞》謂「書」爲「占兆之辭」，連同上引〈顧命〉之文，可知書者本爲記事記

〔註11〕 說詳張西堂：《尚書引論》，頁 516。崧高書社印行。

〔註12〕 參閱屈萬里：《尚書釋義》，頁 112。中國文化大學出版部印行。

〔註13〕 見孫詒讓：《墨子閒詁》，卷八。案：文中之王氏爲王念孫，王氏所云見《讀書雜志》，卷七。

言之泛稱。

其次，吾人可由後世字書求索「書」之名義，首先是《說文解字》之言：

> 書，箸也。（《說文》聿部）

> 箸於竹帛謂之書，書者如也。（《說文・敘》）

接著是《釋名》的解釋：

> 書，庶也，記庶物也，亦言箸也，箸之簡紙永不滅也。（〈釋書契〉）

此外，《廣雅》對於「書」的解釋是「箸也，如也，記也」（〈釋言〉），可知字書作者皆以「書」爲典籍之泛稱，究其所以，蓋因漢世之後，五經之《書》已定名爲《尚書》，爲防混淆，故而以「書」爲圖書之總名。

至如專指《尚書》之《書》，前人亦多有釋名，如荀子云：

> 《書》者，政事之紀也。（《荀子・勸學》）

孔穎達（574～648）的解釋稍詳於此：

> 夫《書》者，人君辭誥之典，右史記言之冊。（《尚書正義・序》）

《書》的原始作者爲史官自無可疑，然必以之爲右史記言之冊，則未可盡信，宋儒楊時（1053～1135）之言就與孔氏之說相左：

> 古者左史記言，右史記事：《書》者，記言之史也。（《書義・序》）

元儒吳澄（1249～1333）則渾言人君左右有史以書其動，其言曰：

> 《書》者，史之所記錄也。从聿从曰者，聿，古筆字，以筆畫成文
> 字，載之簡冊，曰書者諧聲。伏羲始畫八卦，黃帝時倉頡始造文字，
> 凡通文字能書者謂之史，人君左右有史以書其動。（《書經纂言・序》）

總結以上諸家之說，可知古人釋《書》大抵著眼於記錄者的身分與各篇之內容性質。後者不會有何異議，此因就今傳《尚書》各篇內容看來，多半就是古代朝廷之公文檔案，而記錄者爲史官固爲至確，唯必謂左右二史分記人君之言、動，則殊非事實。前引孔、楊二氏相反之說，亦難以斷定孰者爲是，以眾所熟知的《漢志・六藝略》敘《春秋》之語觀之，楊氏之說有其根據：

> 古之王者，世有史官，君舉必書，所以慎言行，昭法式也。左史記
> 言，右史記事，事爲《春秋》，言爲《尚書》，帝王靡不同之。

然而孔氏一代大儒，又豈是架捏虛詞之輩？《禮記・玉藻》有君王「動則左史書之，言則右史書之」之記載，如此又豈不可以證成孔氏之說？

本來，要知周代史官編制，從《周禮・春官・宗伯》來查考最爲方便，

然其所謂周有太史、小史、內史、外史、御史五種主要史官，並不正確，〔註14〕
加以前引古籍言及《尚書》之記錄者，僅止於左、右二史，是以吾人亦毋庸牽
扯太遠而自招治絲益棼之蔽，僅就現代的史家之研究而論，《禮記》之說是正確
的，〔註15〕然而新的研究成果即使可信度高，也無法為孔氏之說背書，此因以
《書》為「右史記言之冊」原本就與事實不合，蓋《今文尚書》二十九篇（或
二十八篇），不乏記事之作，〔註16〕亦即《尚書》的得以完成當是出於左史（太
史）與右史（內史）的合作，當然就分量而言，左史的工作是較為吃重的。

三、《尚書》之名的確立及其取義

今之《書經》，先秦典籍既皆稱《書》，然則《尚書》之名始於何時何人？

《史記・儒林列傳》認為「言《尚書》自濟南伏生」（案：濟南，漢郡名，
治所在東平陵〔今山東章丘西〕，轄境約相當於今山東濟南市及章丘、濟陽、
鄒平等地），偽《孔傳・序》亦云：「濟南伏生，年過九十，失其本經，口以
傳授，裁二十餘篇，以其上古之書，謂之《尚書》。」孔穎達〈尚書序・疏〉：
「『以其上古之書，謂之《尚書》』者，此文繼在伏生之下，則言『以其上古
之書，謂之《尚書》』，此伏生意也。若以伏生指解《尚書》之名，名已先有，
有則當云名之《尚書》，既言『以其上古之書』，今先之所加，則知尚字乃伏
生所加也。」依太史公等人之說，伏生始名《書》為《尚書》。

〔註14〕小史之稱僅見於卜辭（如《明義士收藏甲骨》2718），為殷商職官，不見於可
靠的先秦典籍與西周金文。外史僅見於《左傳・襄公二十三年》，為魯史，其
職掌與《周禮》所言不同。御史則數見於殷卜辭，金文亦偶可見（如《競簋
銘》），但卻與《周禮》御史無涉。太史、內史則見於《戰國策》的〈韓策〉
和〈趙策〉、《史記》的〈廉頗・藺相如列傳〉與〈張丞相列傳〉，分別為韓史、
秦史、趙史，都是戰國至秦時期的史官，《周禮》所記，當是將不同時期諸國
的史官名稱湊合而成。

〔註15〕尹達指出，《禮記・玉藻》、《漢書・藝文志》等所言的左、右史，大概就是指
太史和內史：太史就是左史，內史就是右史。《禮記》說的「動則左史書之，
言則右史書之」是對的，而《漢書》的說法剛剛顛倒。《中國史學發展史》，
上冊，頁11。天山出版社印行。尹氏之說過簡，以左、右史為太史、內史又
用「大概」之詞，當然未可遽信，但判定《禮記》之說正確則仍可參考。

〔註16〕如〈堯典〉記堯、舜舉用人才，固有君臣問答之辭，然又多述唐、虞二帝之
事，故應為記言兼記事之文。〈禹貢〉記九州、名山、大川及定賦封國，更是
純為記事之文，毫無記言成分。〈金縢〉記成王懷疑周公，後來得知金縢之書，
乃幡然覺悟，出郊親迎周公。此為記事之篇。〈顧命〉記周成王之喪禮和康王
即位之典禮，敘事詳盡細緻，其中固有成王臨終之言，但仍以記事為多。

可是，劉歆（？B.C～23，享年七十餘歲）《七略》謂「《尚書》直言也，始歐陽氏先名之」，此歐陽氏即西漢之歐陽生，名容，字和伯，與濟南張生同為伏生弟子；〔註17〕劉歆之說，向來不受重視，但實際上吾人亦不能完全不考慮此說的可能性，蓋支持伏生始名《尚書》者，其根據通常即在「前乎伏生，既無名《書》曰《尚書》者；而伏生所著書，則名曰《尚書大傳》。自後《春秋繁露》、《史記》等書，遂屢稱《書》曰《尚書》」，此處引文見於屈萬里《尚書釋義·敘論》，屈先生於《尚書大傳》下加一括弧特別強調「伏生弟子等輯錄其遺說而成者」，而歐陽生正是伏生得意弟子，《大傳》既出自伏生弟子，焉知不是伏生當時迄無《尚書》之名，及至《大傳》寫定時，方由歐陽生建議以《尚書》為書名？（案：《尚書大傳》是西漢《尚書》學說的總彙，於經文之外掇拾遺文，推衍旁義，目的在使《尚書》全部聖道化，為堯、舜、禹、湯、文、武、周、召的道統樹立堅固的基礎，《四庫提要》以為「其文或說《尚書》，或不說《尚書》，大抵如《詩外傳》、《春秋繁露》，與經義在離合之間，而古訓舊典往往而在，用謂六藝之支流也」，近人則頗有強調此書是研究西漢的上古史說之重要材料者。原書已佚，清儒陳壽祺有輯本，皮錫瑞撰有《尚書大傳疏證》）

當然，這樣說絕不是要否決《史記》、偽《孔》的意見。祇是惋惜某些舊說未經充分討論即被棄如敝屣而已。

另外還有兩種說法就難以令人接受，其一是鄭玄（127～200）以為孔子「尊而命之曰《尚書》」，〔註18〕此說係受緯書影響，孔穎達《尚書正義》已予以駁斥，且《論語》仍稱「《書》云」、「《書》曰」，是以鄭氏之言不足憑信。〔註19〕其次是吳承仕《經典釋文序錄疏證》所言，「周秦傳記無稱《尚書》者，太史公〈自序〉曰：『余聞之先人曰：『堯、舜之盛，《尚書》載之。』太史談年輩略與張生、歐陽生等，《尚書》連言，蓋以此最朔」，太史公撰寫〈自序〉之時，《尚書》之名已然確立，太史談之時，《尚書》之名亦已出現，則《史

〔註17〕 司馬遷：「伏生教濟南張生及歐陽生，歐陽生教千乘兒寬。兒寬既通《尚書》，以文學應郡舉，詣博士受業，受業孔安國。」《史記》，卷一百二十一，〈儒林列傳〉。

〔註18〕 引文見孔穎達《尚書正義》，卷一，〈尚書序·疏〉。

〔註19〕 參閱趙麗君：《尚書堯典研究》，頁8。國立中正大學1993年7月中文研究所碩士論文。另外，江聲《尚書集注音疏》在引《墨子·明鬼下》之文，而反對《尚書》之名始於伏生後，立刻直言「自是孔子命是名也，鄭說信然」；說極草率，毋費辭批評。

記》使用《尚書》之書名，又如何能作爲太史談發明《尚書》一詞之證據？

由上可知，《尚書》之名始於伏生的可能性極高，要承認劉歆「《尚書》使歐陽氏先名之」之說，恐怕得提出進一步之根據方可。

至於「尚書」二字之意，歷來之說不出下列三者。其一，訓尚爲上，以上爲上天，謂《尚書》猶天書，此尊而重之之辭，此說倡自緯書《璇璣鈐》，而鄭康成《書贊》本之。〔註 20〕其二，訓上爲上，以上爲君長，謂《尚書》者，即是「上所爲，下所書」之作，此說來自王充（137〜192）《論衡‧須頌》，而王肅（195〜258）《書注》本之。其三，釋尚爲上古，以其爲上古之書，故曰《尚書》，此說由緯書《春秋‧說題辭》率先提出，後世同意者可謂指不勝屈。

以上三說的共同點是皆以「上」解「尚」，而其所謂「上」之含意卻大不相同。今觀《尚書》之內容多爲人事，以之爲天書，實有不合。至如鄭玄以爲書名之「尚」字爲孔子所加，孔子纂《書》，尊之如天書，故「加『尚』以尊之」，則誠如孔穎達所言，「溺於《書》緯之說，何有人言而須繫之於天乎？」〔註 21〕且孔子亦尊《易》重《詩》，〔註 22〕書名何以不曰《尚易》、《尚詩》？以上爲君長，《尚書》者，「上所爲，下所書」，則更爲窒礙難通，因爲依此則書名應該叫《下書》。〈須頌〉「上所爲」三字也有問題，如前所言，《尚書》實以記言爲多，王肅易爲「上所言，史所書」，但《尚書》記事之文又屢見，

〔註20〕 《璇璣鈐》：「尚者，上也。書者，如也。上天垂文象，布節度，書也如天行（一作「上天垂文以布節度，如天行也。」）。書務以天言之，因而謂之書，加『尚』以尊之。是爲《尚書》篇題號。」〔明〕孫瑴編：《古微書》，卷五，「尚書璇璣鈐」條。孔穎達《尚書正義‧尚書序‧疏》引鄭玄《書贊》：「尚者，上也。尊而重之，若天書然，故曰《尚書》。」

〔註21〕 《論衡‧須頌》：「或問《尚書》曰：『尚者，上也。上所爲，下所書也。』下者誰也？曰：『臣子也。』然則臣子書上所爲也。」〈尚書序‧疏〉引王肅《書注》：「上所言，史所書，故曰《尚書》。」

〔註22〕 《春秋‧說題辭》：「《尚書》者，二帝之迹，三王之義，所以推其期運，明命授之際。書之言信，而明天地之情，帝王之功。凡百二篇，第賜委曲。尚者，上也，上世帝王之遺書也。」《釋名‧釋典藝》：「尚，上也，以堯爲上始而書其時事也。」王充在《論衡‧須頌》中雖解《尚書》爲「上所爲，下所書」，在〈正說篇〉中卻以「古帝王之書」釋之。僞《孔傳》本〈尚書序〉亦云：「以其上古之書，謂之《尚書》。」孔《疏》引馬融：「上古有虞氏之書，故曰《尚書》。」孔氏本人則說：「後人見其久遠於上世，尚者，上也，言此上代以來之書，故曰《尚書》。」簡朝亮《尚書集注述疏》卷首〈大名〉：「尚，古通上，謂上代之史書也。」

可見第二說從頭到尾就不宜輕信。相較之下，第三說顯得平實可信，宜乎後世從之者最多。只是這第三說雖倡自《春秋‧說題辭》，但其所謂「上帝之書」既不夠具體，又易招來誤解，馬融釋爲「上古有虞氏之書」，《釋名》指稱「以堯爲上始，而書其時事」，二說雖已具體，然而《尚書》實已迄至〈秦誓〉，未可概之上古，是故仍以《論衡‧正說》「古帝王之書」、孔《疏》「上代以來之書」與簡朝亮「上代之史書」之說，最無語病。

附錄二：《通志堂經解》
所收元儒《書》學要籍簡評

一

　　《通志堂經解》，一千七百八十一卷，清徐乾學（1631～1694）等編，納蘭性德（1655～1685）校刊，一名《九經解》，又名《傳是樓經解》，通志堂者，納蘭性德之室名也。

　　《通志堂經解》是清代最早出現的一部解釋儒家經典的大型叢書，也是清代三大經學叢書之一，與《皇清經解》、《皇清經解編續》齊名，其中，《皇清》與《續皇清》所收者為有清一代名儒之經學要籍，而《通志堂》則收唐、宋、元、明四朝人解經之書一百三十八種，共計一千八百卷（以宋、元為主），其書頗不乏傳本所罕見者，精瞻可讀者亦多，實學者所不可不備。此書甫出，即引起廣泛的重視，乾隆以為「是書薈萃諸家，典贍賅博，實足以表彰六經。」故借助編修《四庫全書》之際，命令館臣將《通志堂經解》「版片漫漶斷闕者，補刊齊全，訂正訛謬，以臻完善。」並作為《四庫》底本刊佈流傳，於是而使這部叢書身價更顯高漲。

　　有關納蘭成德與《通志堂經解》之間的關係，坊間頗有流言，尤其是其中他所自編的《禮記陳氏集說補正》和《合訂大易集義粹言》之〈序〉，在編著權問題上引起紛紛的議論。這個問題現在有了較為一致的看法，因為朱彝尊不僅在《經義考》著錄了納蘭成德〈大易集義粹言序〉全文，而且自己也寫了一篇〈合訂大易集義粹言序〉，收在《曝書亭集》中。學者就依朱彝尊在

〈序〉中的敘述，而以爲納蘭成德是輯編《經解》的倡始者、資助者、參與者，也就是今日所謂的「叢書主編」：「吾友納蘭侍衞容若，以韶年登甲科，未與館選，有感消息盈虛之理，讀《易》淥水亭中，聚《易》義百家插架。于溫陵曾氏種《粹言》、隆山陳氏友文《集傳》精義一十八家之說有取焉，合而訂之，成八十卷。擇焉精，語焉詳，庶幾哉有大醇而無小疵也乎。刑部尚書昆山徐公嘉其志，許鏤版，布諸通都大邑，用示學者」。

　　《通志堂經解》所收《尚書》學要籍凡二十一種，皆宋、元人作，其中元儒著作計十種，書目、卷數及作者如下：

　　（1）《尚書表注》二卷，金履祥（1232～1303）撰。

　　（2）《尚書纂傳》四十六卷，王天與撰。

　　（3）《書蔡氏傳輯錄纂注》六卷，董鼎（1244～1311）撰。

　　（4）《今文尚書纂言》四卷，吳澄（1249～1333）撰。

　　（5）《書蔡氏傳旁通》六卷，陳師凱撰。

　　（6）《尚書句解》十三卷，朱祖義撰。

　　（7）《書集傳纂書》六卷，陳櫟（1252～1334）撰。

　　（8）《尚書通考》十卷，黃鎮成（1288～1362）撰。

　　（9）《讀書管見》二卷，王充耘（1334 進士）撰。

　　（10）《定正洪範》二卷，胡一中撰。

二

　　金履祥，字吉父，婺州蘭谿（今浙江省蘭溪縣桐山後金村，位金華市）人。幼即敏睿，少有經世之志，及壯，宗濂、洛之學，事同郡王柏（1197～1274），從登何基（1188～1268），之門。基則學於黃榦（1152～1221），而榦親承朱熹（1130～1200）之傳者也。

　　履祥既宗濂、洛，故爲學喜窮究義理。本宋儒，德佑（恭帝年號，1275～1276 四月）初，以史館編校召，未及用而宋亡。入元，不仕，專意著述。晚年講學於麗澤書院，居仁山下，學者稱仁山先生。所著除《尚書表注》外，尚有《通鑑前編》、《大學章句義疏》、《論語孟子集註考證》、《中庸標注》、《仁山文集》等，《尚書表注》僅二卷，其〈自序〉云：「伏生者，漢謂今文；孔壁者，漢謂古文；故伏生齊語易訛，而安國討論未盡，安國雖已伏生之書考古文，不能復以古文之書訂今文，是以古文多平易，今文多艱澀。今文雖立

學官，而大小夏侯、歐陽又各不同，古文竟漢世不列學官，後和劉陶獨推今文三家與古文異同，是正文自七百餘字，號曰中文《尚書》，不幸而不傳世，至東晉而古文孔《傳》始出，至蕭梁而始備，唐貞觀悉屏諸家，獨立孔《傳》，且命孔穎達諸儒爲之疏。夫古文比今文固多且正，但其出最後，經師私相傳授，期間豈無傳述傅會？」履祥既重古文而輕今文，又不知所謂《古文尚書》實係梅賾所作，故其注《書》以五十八篇爲對象。（案：梅賾，字仲眞，東晉汝南〔今湖北武昌〕人。曾任豫章內史。獻《古文尚書》〔內含孔氏《傳》〕，立爲官學。此一《古文尚書》自宋以來廣受討論，多數考據家定其爲僞書，晚近大陸學者或認爲，梅賾在《尚書》古本久已失傳之際，匯輯、保存了這批古籍材料，其功大於過）

本編於每頁之上下左右，細字標籤，縱橫錯落，初無行款，於古來注經之家別爲一體，其內容則大抵拾舊說，折衷己意，頗似集解之作，然無字極簡約，注文並不多於經文。全書最受人注意者，厥爲以〈康誥〉篇首四十八字——「惟三月，哉生魄，周公初基作新大邑于東國洛；四方民大和會，侯甸男邦采衛，百工播民，和見士于周？周公咸勤，乃洪大誥治。」——當置〈梓材〉篇首，此說雖未必可採，然〈康誥〉篇首四十八字係他篇錯簡，則眾人皆以爲灼然不誤也。爲其無以解〈梓材〉篇首「王曰封」三字，乃謂「《大傳》今文當有周公曰，而無封字」，如此解經委實冒險，是以《四庫提要》評其「未免於竄改經文以就己意矣，是其瑜不掩瑕」，然改經雖爲注經大忌，履祥此書改經者亦唯見於此，「瑜不掩瑕」四字似亦貶之大過。

三

王天與，字立大，別號梅浦，江西吉安人（此據《宋元學案》，《四庫提要》則謂：「天與字立大，梅浦人。」）。初習舉子業，諸生從遊者甚重，後志於學。其著作僅《尚書纂傳》一種，爲研精覃思之作。成宗大德三年（1299），憲使臧夢解上書於朝，詔受臨江路儒學教授。武宗至大中，其子板行之。

《尚書纂傳》四十六卷，解經先引漢孔安國（孔子十一代孫，約西元前156年至前74年間在世）、唐孔穎達（574～648）之說，有未當則引諸家說評之，有未備則引諸家說足之，說俱通者並存之。所引諸家，大旨以朱子爲宗，而以眞德秀（1178～1235）說爲羽翼。其〈自序〉云：「晦庵先生於《易》於《詩》，皆有訓傳，讀於《書》，晚年屬之蔡氏九峯，五典禹謨，親所訂定，

其貢舉私議，則約諸經皆以註疏爲本，《書》則取劉、蘇、程、晁、葉、吳、薛、呂，其與門人答問，則如林，如史，如曾，如李，如陳，各取其長。西山先生《讀書記》纂三十餘篇，《大學衍義》講四十餘條。愚嘗稽首敬嘆曰：古今傳《書》者之是非，至晦菴先生而遂定。晦菴先生折衷傳《書》者之是非，至西山先生而愈明。……乃本二先生遺意，作《尚書纂傳》。」《四庫提要》云：「……其大旨則以朱子爲宗，而以眞德秀說爲羽翼。蓋朱子考論群經，以《書》屬蔡沈，故天與以蔡氏《傳》爲據。德秀則《書說精義》以外，復有《大學衍義》一書，所言與虞、夏、商、周之大經大法多相出入，故天與亦備采之。其注疏或刪或存，亦以二家之說爲斷。……所說於名物訓詁多有闕略，而闡發義理則特詳，亦王元傑《春秋讞義》之流亞也。」天與極爲推尊朱、眞二家《書》說，其注疏之或刪或存，遂亦以二家之說爲斷，由其不敢以私意去取，可知其態度之保守也。〈序〉又言及集齋彭先生者，彭應龍字翼夫也，是編經其增廣校定，往復究竟十四、五載，而後始付梓問世，故王書有功於朱、眞二家之學，彭氏又有功於此書也。

四

董鼎，字季亨，別號深山，董介軒之族弟（按：董夢程，字萬里，號介軒，《宋元學案》有《介軒學案》），鄱陽人，私淑黃榦、董銖，著有《尚書輯錄纂注》。

《書蔡氏傳輯錄纂注》六卷，董氏於〈序〉謂得朱子之再傳，蓋朱子之學授於黃榦，鼎族兄夢程嘗從榦游，鼎又從夢程聞續論也。董氏又云：「迺取訂定《集傳》爲之宗，而蒐輯語錄於其次，又增纂諸家之註有相發明者，并間綴鄙見於其末，庶幾會粹以成朱子之一經，可無參稽互考之勞，而有統宗會元之要，則亦不無小補矣。」其卷首標明「朱子訂定蔡氏《集傳》，後學鄱陽董鼎輯錄纂注」，故全書內容以蔡沈（1167～1230）《集傳》爲宗。

《四庫全書》有收董氏此書，名《書傳輯錄纂註》，《提要》則作《尚書輯錄纂注》，云：「是編雖以蔡沈《集傳》爲宗，而《集傳》之後續以《朱子語錄》及他書所載朱子語，謂之『輯錄』，又採諸說之相發明者，附列於末，謂之『纂注』，自序稱『《集傳》既爲朱子所訂定，則與自著無異』。又稱『薈萃成朱子之一經，則仍以朱子爲主也。』考蔡沈《書集傳‧序》，惟稱『二典、三謨嘗經先生點定』，故陳櫟作《書集傳纂疏》惟〈虞書〉首標朱子，而〈夏

書〉以下則不然，其凡例曰：首卷有『朱子訂定』四字，不忘本也；自二卷起去四字，紀實也。吳澄作是書〈序〉，亦稱朱子訂定蔡《傳》，僅至『百官若帝之初』而止，此書〈大禹謨〉『正月朔旦』條下，鼎併附注其說，是鼎於此書源委本自分明，其稱《集傳》爲朱子所訂定，似未免假借。然澄〈序〉又稱《集傳》自〈周書・洪範〉後寖覺疎脫，師說甚明而不用者有焉，疑其著述未竟而人爲增補，或草稿初成而未及修改。所舉〈金縢〉、〈召誥〉、〈洛誥〉諸條，皆顯相舛異。又稱『鼎作是書，有同有異，俱有所裨。如解〈西伯戡黎〉則從吳棫，解〈多士〉則從陳櫟，解〈金縢〉則兼存鄭、孔二義，不以蔡《傳》之從鄭爲然』云云。然則鼎於《集傳》，蓋不免有所未愜，恐人以源出朱子爲疑，故特引朱子之說補其闕失，其舉《集傳》歸之朱子，猶曰以朱翼朱，則不以異蔡爲嫌耳，非其考之不審也。」此論尚稱細膩。較新的研究成果則是許華峰的博士論文，2000 年 12 月的《董鼎書傳輯錄纂註研究》，此文指出，「宋、元之際鄱陽、新安學者對《尚書》的研究，呈現在《輯錄纂註》之中，普遍繼承朱子和蔡沈的重要看法。其有不從朱子或《書集傳》的部分，大多爲個別文意解釋之修訂，而修訂的理據，主要來自對經義的衡量。……他們對《尚書》的研究重心，不在歷史、文獻的考證，而在對經義的求取與發揮。此一傾向，實承襲自朱子讀經求義理的要求」。其說可參。

五

　　吳澄，字幼清，撫州崇仁人。用力聖賢之學。至大初，謂國子監司業，遷翰林學士。泰定初，主講經筵，總修《英宗時錄》，書成輒移疾歸。澄嘗言朱子於道，問學之功居多，而陸子靜以尊德性爲主，問學不本於德性，則其敝必偏於言語訓釋之末，故學必以德行爲本，庶幾得之，論者遂以澄爲陸氏之學。吳氏於《易》、《書》、《詩》、《春秋》、《禮記》皆有《纂言》之作，諸書盡破傳注穿鑿之習。又訂《孝經定本》，合今古文，分經一章、傳十二章。校正《皇極經世書》及《老子》、《莊子》、《樂律》、〈八陣圖〉、郭璞《葬書》等，今皆傳世。

　　《書纂言》四卷，取伏生之二十八篇〈序〉於前，以還其舊，而以孔壁所出之古文別序於後。至爲《纂言》，則獨有今文，古文置而不釋，此誠絕識也。蓋東晉梅賾所獻《古文尚書》實係僞造，唐孔穎達爲作《正義》後，其書大爲風行，有宋諸儒如吳棫、朱子、蔡沈皆疑之，然亦不敢輕言其僞，至

吳澄著《書纂言》後，始完全不注僞古文，其見可謂卓矣。

是編除考據詳博之外，另有一特色即屢屢釐正《書》之錯簡，納蘭性德以爲「咸皆確當」（《今文尚書纂言‧序》），《四庫提要》則云：「爲期顛倒錯簡，皆以一自爲，且不明言改竄之故，與所作《易纂言》體力迥殊，是則不可以爲訓。」仁智之見，差別至此。今綜觀全書，知其顛倒錯簡之舉，似未皆的，如以爲〈康誥〉、〈酒誥〉篇次當在〈金縢〉之前，不言其故，自難以服人；又如以〈康誥〉篇首金十八字爲錯簡，此誠然，爲未說明理由，即逕將此四時八字置於〈梓材〉篇首，亦嫌專斷；至其考證訓詁之功自不容抹煞。

六

陳師凱，字道勇，南康人。隱居廬山，名其地曰東匯澤。所作僅《書蔡傳旁通》一種。

《書蔡傳旁通》六卷，師凱自述其著作源起云：「《傳》既成矣，後之讀者不能就朱子之所傳，不能領蔡氏之所授，又不能如其行輩之所講明，則雖有《傳》，猶未能備知也，此鄱陽董氏之所以有《輯錄纂註》也。然其輯錄特答問之多端，《纂註》又專門之獨見，初學於此，苟本傳尚未曉析，而乃游目廣覽，則忙無畔岸，吾誰適從？是董氏所纂乃通本傳以後之事，殆未可由此以通本傳也，此《旁通》之所以贅出也。」（《書蔡傳旁通‧序》）故是編純爲羽翼蔡《傳》而作，本於疏不破注之旨，於蔡《傳》岐誤之處，概不復糾正也。

《四庫全書》收有《書蔡傳旁通》之作，《提要》云：「此書成於至治辛酉，以鄱陽董鼎《尚書輯錄纂注》本以羽翼蔡《傳》，然多採先儒問答，斷以己意。大抵辨論義理，而於天文、地理、律歷、禮樂、兵刑、龜策、河圖、洛書、道德、性命、官職、封建之屬，皆在所略，遇傳文片言之賾，隻字之隱，讀者不免囁嚅齟齬，因作是編。於名物度數蔡《傳》所稱引而未詳者，一一博引繁稱，析其端委。其蔡《傳》岐誤之處，則不復糾正，蓋如孔穎達諸經《正義》主於發揮注文，不主於攻駁注文也。然不能以回護注文之故，廢孔氏之疏，則亦不能以回護蔡《傳》之故，廢師凱之書矣。知其有所遷就，而節取所長可也。」

此書既專務釋蔡《傳》，乃於名物度數，蔡《傳》所稱引而未詳者，一一博引繁稱，析其端委，不厭瑣碎，但值片言隻字之所當尋繹，所當考訓者，

必旁搜而備錄之，其至於通而後止，故讀蔡《傳》者，若能參看此書，則庶
幾有融會貫通之期，而無囁嚅齟齬之患。

七

朱祖義，字子由，廬陵人，於諸經皆有句解，今多散佚，唯《尚書句解》
傳世。《尚書句解》十三卷，以偽《古文尚書》為注釋對象，隨文詮釋，辭意
顯明，如〈堯典〉首句「曰若稽古帝堯」，「曰」字下注云：「史官言。」「若
稽古帝堯」五字下注云：「順考古道而行之者帝堯。」「曰放勳」三字下注云：
「謂能依倣上古之功。」全書句解之簡要類此，故極適合初學者。「考《元史·
選舉志》，延佑中定經義取士之制，《尚書》以古注疏及蔡沈《集傳》為宗，
故王充耘《書義矜式》尚兼用孔《傳》，迨其末流，並古書注疏之繁，而蔡《傳》
遂獨立於學官，業科舉者童而習之，莫或出入，祖義是書專啓迪幼學而設，
故多宗蔡義，不復考證舊文，於訓詁名物之間，亦罕所引據」（引文見《四庫
提要》卷十二），而正因此書註解簡切扼要，不蔓不枝，故方能有助於幼學疏
通周〈誥〉殷〈盤〉詰屈聱牙之句，是以雖極淺近，要義不可廢之。

八

陳櫟，字壽翁，休寧人。宋亡，科舉廢，櫟慨然發憤，致力於聖人之學，
涵濡玩索，貫穿古今。其人最推尊朱子，嘗著《四書發明》，《書集傳纂疏》、
《禮記集義》等書，凡諸儒之說有異於朱氏者，刊而去之；其微辭隱義，則
引而申之；而其所未備者，復位說以補其闕。於是朱熹之說大名於世。除上
敘三書以外，櫟尚著有《歷朝通略》、《勤有堂隨錄》、《定宇集》等。

《書集傳纂疏》六卷，以疏通蔡《傳》之意，故命曰「疏」，以纂輯諸家
之說，故命曰「纂」。又以蔡《傳》本出朱子指授，故第一卷特標朱子訂正之
目，每條之下必以朱子之說冠於諸家之前，間附己意，則題曰「愚謂」以別
之。

櫟著此書，態度極為保守，遇可疑之處，皆略存舊說，且明云當闕疑焉，
故全書並無新解可言，其所以如此者，當如《四庫提要》所言「〈自序〉稱勝
朝科舉興，行諸經《四書》，一是以朱子為宗，書宗蔡《傳》固亦宜然云云，
蓋延設科以後，公令如斯，故不敢有所出入也」，既不敢與蔡《傳》有所出入，
則無怪乎是書於蔡《傳》有所增補，無所駁正焉。

九

黃鎮成，字元鎮，邵武人，號武雲山人、存存子。年弱冠，及厭棄榮利。延祐之後，慨然以聖賢道學自力，學者稱爲存齋先生。著有《尚書通考》、《周易通義》、《中庸章旨》、《秋聲集》等。

《尚書通考》十卷，徵引舊說以考四代之名物典章，間亦復以論斷，內容可未詳備。黃氏於是書卷前有〈尚書通考敘意〉云：「求帝王之心易，而考帝王之事難，紉後儒股不過以周爲據，而秦人滅學，周典亦多殘缺，迺欲已不完之文，以徵隆古之舊，斯亦難矣。然昔者紫楊夫子之教，必語學者以有業次，如所謂〈堯〉、〈舜典〉歷象日月星辰、律度量衡、五禮五樂、〈禹貢〉山川、〈洪範〉九疇之類，須一一理會令透，蓋讀書窮理，即器會道，乃學者之當務也。余方授兒輩以書，間或有問，不容立答，則取關涉考究者，會萃抄撮；或不可言曉者，規劃爲圖以示之；至眾家之說有所不通，則間述臆見以附於下；如舊圖舊說已備者，不復贅出；其有未盡，則隨條辨析焉。」此書雖云詳備異常，然亦難免堆砌資料之譏，《四庫提要》及以爲「其中如論閏月而遷及後代司天之書，論率而旁引京房之法，論躍而臚陳自漢至宋之樂名，皆與經典無關，失之氾濫。其他四仲、五品、五教、九疇、六府、三事之類，皆經有明文，而復登圖譜，別無發明，亦爲冗瑣」，是皇室徵引舊說故不厭其詳，而亦可能收致反效，引人反感，雖然，學者若能詳考經精察，於書之名物典章自能了然於心也。

十

王充耘，字耕野，吉水人。元統二年（1334）進士，授同知永新州事，尋辭官養母。晚益潛心《尚書》，著書授徒，考訂蔡《傳》，名曰《讀書管見》，又著有《書義矜式》（此書內容奠定八股文之格式，當時稱爲八比法，詳下文）、《書義主意》等書。

《讀書管見》二卷，主見極多，頗能諟正蔡《傳》之失，於微辭奧旨，名物訓詁，以致山川疆理，亦靡不究竟辨析，時梅賾所獻《古文尚書》已有疑其僞者，然未成定讞，充耘此書重在《今文尚書》，又知〈舜典〉、〈堯典〉本爲一篇，梅書〈舜典〉首二十八自蓋後人僞增，故其文上下皆不相蒙，是其或亦已疑及梅書之僞歟？

是編雖爲王氏潛心用力之作，然亦不無尚待商榷者，如〈堯典〉有「格

于藝祖」、「舜格于文祖」句，充耘以爲「文即藝，藝即文，故藝祖即文祖，非二人也，作書者變文言之耳」，案：藝與禰通（依馬融之說，見《經典藝文》），禰乃父廟，經文言及舜於堯之祖廟中受帝位，而後四出巡狩，歸，格於藝祖，由上下文意觀之，此藝祖當指堯之父廟及祖廟。迨堯殂落三載，正月元日，舜始「格於文祖」，此文祖乃舜之祖廟無疑。是故，充耘以文即藝，藝即文，此誠不虛，唯前者謂堯之祖廟，後者謂舜之祖廟，仍不可混而爲一。另，《四庫提要》以爲〈洪範〉有錯簡，而本編未能糾正，案：〈洪範〉錯簡之說，始自宋儒蘇軾《東坡書傳》，其後王柏《書疑》及金履祥《尚書表注》皆言之，然亦未定論，拙著《尚書洪範考辨與解釋》即以爲〈洪範〉經文完整，未有脫簡誤編，是《四庫提要》以此詬病充耘此書，亦未必允當也。（案：前文言及王充耘《書義矜式》之作，《四庫全書》收有此書，《提要》云：「充耘以《書經》登第，此乃所作『經義程式』也。自宋熙寧四年始以經義取士，當時如張才叔〈自靖人自獻于先王義〉，學者稱爲不可磨滅之文，呂祖謙編次《文鑑》，特錄此一篇以爲程式，元仁宗皇慶初復行科舉，仍用經義，而體式視宋爲小變，綜其格律，有破題、接題、小講，謂之冒子。冒子後入官題，官題下有原題、有大講、有餘意，亦曰從講，又有原經，亦曰考經，有結尾。承襲既久，以冗長繁複爲可厭，或稍稍變通之，而大要有冒題、原題、講題、結題，則一定不可易。充耘即所業之經篇，摘數題各爲程文，以示標準。其〈愼徽五典〉一節，引孔《傳》大錄萬幾爲說，不全從蔡《傳》。考《元史・選舉志》載，《書》用蔡《傳》及注疏。當時經義猶不盡廢舊說，故應試者得兼用之。此元代經學所以終勝明代也。」）

十一

胡一中，字允文，諸暨人，官紹興路參軍，著有《定正洪範》。

經學史作者在討論元儒疑改經書篇章時，常會言及胡一中。清代乾隆年間的四庫館臣，對於胡一中的《定正洪範》也充滿微詞。《四書全書》未收《定正洪範》，僅存其目，並作〈提要〉云：「一中字允文，諸暨人。官紹興路參軍。是編因王柏、文及翁、吳澄三家改定〈洪範〉之本，而以己意參酌之。首爲〈圖說〉，次考訂經文，次爲〈雜說〉。案河圖、洛書名見〈繫辭〉，不云有關於〈洪範〉。《漢書・五行志》始載劉歆之言，稱『禹治洪水，錫洛書法而陳之，〈洪範〉是也』，於是洛書始合於〈洪範〉，然猶未及河圖。一中又因

歆有『河圖、洛書相爲經緯，八卦、九章相爲表裏』之文，遂以河圖、洛書併合於〈洪範〉，而又參以陳摶先天之說。所列二十八圖，大抵支離破碎。至於『無偏無黨』，亦以五行生克立論，尤爲無理。其以九爲『河圖』，十爲『洛書』，沿用劉牧之說，於彼法之中，自生輚輵，猶其小焉者矣。且說既穿鑿，理多窒礙，乃於必不可通者，更遁爲『錯簡』之說，以巧飾其謬。遂割裂舊文，強分經傳，移『曰王省惟歲』以下八十七字爲第四、第五章之傳，移『無偏無陂』以下五十六字於『皇建其有極』句下，爲五章之經，移『斂時五福』以下，割裂其文爲九章之傳，其餘多移彼綴此，臆普顛倒。並據吳澄之說，改而康而色』句爲『而康而寧』，改『是彝是訓』句爲『是彝是倫』，則併其字而竄易之。考《尚書正義》載《漢書‧五行志》以『初一曰五行』六十五字爲《洛書》本文，孔安國則以爲禹所第敘。劉向以爲龜背先有三十八字，劉歆以爲先有二十字，孔穎達已均謂其無據。其以『一，五行』以下爲箕子所演，則諸家並同，絕無逐章各有經、傳之說。一中欲仿朱子考定《大學》、《孝經》之例，強爲分別，既已無稽，且一中既稱一行十三字，何以於『庶民錫汝保極』以七字而錯一簡，『五，皇極，曰：皇建其有極』以九字而錯一簡，『曰：王省惟歲』以下復以八十七字錯一簡也？龔明之《中吳紀聞》載北宋余鬗嘗上書請移〈洪範〉『曰王省惟歲』以下八十七字於『四，五紀』一節之下，爲臺諫所彈，不果施行。是前此已嘗論定矣。何一中又祖其說耶？」

《定正洪範》二卷，首爲〈圖說〉，如河圖、洛書、河圖先天未易未卦數、先天掛用河圖易位圖、禹用河圖未易未次序九疇圖、範疇用洛書五行生成圖、五世本五行圖、八政配五行圖、五紀協五行八政圖……等，其次考定經文，再次爲〈集說〉，大抵支離破碎，言多穿鑿，而割裂舊文，強分經傳，竄易字句，臆爲顛倒，尤爲無理，宜乎學者多所批評。不過，此書亦間有可取之處，如解釋〈洪範〉「天錫禹」云：「所謂天錫者，起果諄諄然命之哉？一延禮之順乎天，正如天乃錫王之勇智云爾。漢儒乃傅會神龜負書出洛而與作範，殊不知河圖、洛書皆出於上古伏羲氏以前之世，《易大傳》明言聖人則之以作《易》，兼二者而用之者也。禹得河洛之數，順五行之理以治水土，因而衍之爲治天下之大法，如天錫與之，欲武王之敬事而毋忽也。此雖殷人尙鬼之義，而箕子之義亦豈若漢儒之神奇說哉？此史官述問答之辭，以敘〈洪範〉授受之原，而冠以禹經箕傳之首云。」以爲〈洪範〉出於史官之手，自較蔡氏《集傳》以之爲箕子自撰者合理。